超人化メソッド
修験道
山伏伝承
身心向上術

羽黒派古修験道　先達
長谷川 智

BAB JAPAN

古より修験者は人々の願いを背負い
母なる山に踏み入ってきた
我執を断つ懺悔と捨身の行の末、
人智を超えた慈悲と知恵を得るために

己が心の暗闇に飛び込み
肉体という自然が山の霊力に感応するとき
無量の光が顕現する
それが世界を照らすのだ
今に脈々と続く修験の道
本書はその一路を歩むための道標である

はじめに

本書は、私の修験道における修行体験、修行によって得た智恵と技、それらを基に発想した身心技法をご紹介するものです。

言葉にするのは難しいことも多いため、身体で理解して頂くための実験的なワークを多数掲載しています。実修実験の修験道です。どうぞご自身の身（み）をもって実験してみて下さい。実験ワークは、ビフォー&アフターで、教えの効果を実感して頂けるように構成してあります。「ホントにそうなの？」「身体と心の変化は？」と、常に客観的な目を持って、実験的な態度で臨んで下さい。数ある実験ワークの中には、すぐに効果を実感できるものもあれば、効果を実感するには修錬が必要なものもあります。段階を追って、修得して頂ければと思います。

本書の構成は、以下のようになっています。

●第1章「印を結ぶ&懺悔する」

修験道の代表的な神「不動明王」の印をご紹介し、印の持つ実効性を体感して頂きます。

また、山伏の唱え言葉「慚愧懺悔六根清浄（ざんぎざんげろっこんしょうじょう）」と森羅万象（しんらばんしょう）を拝む「リスペクト」の心が、身心の変容を引き起こすことを実感して頂くための実験ワークもご紹介します。

●第2章「山伏の歩き」

修験道の修行といえば、「山駆け修行」です。山伏の師匠直伝の山の歩き方、「一本歯の歩き」など、山の歩き方、走り方をご紹介します。また、伝承の歩き方を参考に発想した「ナンバ歩き・ナンバ走り」「ローテーション歩き」もご紹介します。これは、スポーツや芸道、日常の歩きにも応用可能です。そして、何より「精神的な修行のための歩き」について言及しています。

●第3章「影との対峙」

私が、修験道の修行で学んだ最大のポイントは、①「影」との向き合い方と、②懺悔の持つ力です。そのことについては、全編を通じて繰り返し述べていますが、本章では、ユング心理学の「影（シャドー）」という概念を用いて、修験道における十界修行を説明しています。

●第4章「山伏装束と結びの文化」

山伏装束や道具の模様や形状は、身体の気の流れに影響を与え、身体感覚の変容を起こします。装束や道具に託された思想を念ずることにより、身心がより有効に機能しやすくなります。また、もう少し身近にある「褌（ふんどし）」「襷（たすき）」「鉢巻き」といった、伝統の結びの文化の持つ実効性にも再注目します。

●第5章「心法と気の流れ」

ヨーガのチャクラ理論に則った「心の体操」という、オリジナルの身心技法をご紹介します。各チャクラ（霊的エネルギーの中枢）に対応する「良き心境」を思い浮かべることで、気の流れが生じ、様々な身体の動きがよくなります。心のあり様は、身体に大きく影響します。過度な心理的ストレスが身体を蝕むという、負の相関関係は、よく知られているところです。しかし、ここでは、良き心理的態度が身体の機能を向上させるという、プラスの側面に注目して頂きたいと考えます。

●第6章「山伏整体と整体体操」

修験道に受け継がれている整体法は、一子相伝的なものです。本章でご紹介する整体術は、私が子どもの頃からお世話になっていた山伏に教わったものです。その後、出羽三山神社主催の「秋の峰」（羽黒派古修験道の修験者養成のための行事）でも、様々な整体の技を先輩山伏に習いました。それらを基に、自分で自分の身体を整えられるように開発した「ホネナビ体操」の一部もご紹介します。

●第7章「滝行」

滝行前に行う神道式の鳥船神事の一部と、師匠故佐藤美知子師（瞑想・滝行指導者）に教わった、滝行のための身心の準備、滝の中での身心の使い方をご紹介します。滝行は、最速・最高の意識変容の術です。だからこそ、間違いのない方法で修行することが大切です。また、滝行から発想した「丹田充実法」などもご紹介します。

●第8章「瞑想」

インドの伝統医学「アーユルヴェーダ」の理論から、ピッタの体質（武術家、スポーツ選手に多い）を鎮める体操、安定した坐法を組みやすくする体操をご紹介します。

そして、師匠に教わった「本質的な問題解決のための瞑想」をご紹介します。これは、一般によく行われている、リラックス、無念無想を目指す瞑想とは違い、日常的な意識では解決できない問題を深い瞑想状態で解く瞑想です。問題を通して、より深く自己を知り、悟りに向かう、個人の問題を解決する智恵を得ると同時に、その智恵が全体を活かし、調和させることを目指すものです。

●第9章「身体と心を繋ぐ道」

改めて、私の考える修験道の3つの要素「懺悔」「慈悲」「智恵」について、語っています。そして、最後に「大慈大悲の甲冑」をまとう、修験道の究極の護身術をご紹介します。

「これが、修験道？」と思われるものもあるかもしれませんが、修験道の特徴は、多様性とおおらかな懐の深さです。自己の発見を大切にする一人一宗派的な伝統の中で、それぞれが様々に新しいものを生み出してきました。ここにご紹介した私の身心技法も、その一つと思って頂けたら幸いです。

2021年7月

長谷川　智

修験者が用いるさまざまな〝印〟

印とは、その形によって仏・菩薩の悟りや誓願の内容などを象徴的に表すもので、自己の内面に、その心を呼び起こす効果があります。その印を使うことによって、身体のエネルギーの流れに影響を及ぼします。ここでは、私が実感したものの一部をご紹介します。

名称	効果
不動明王の印	小指側がしっかり締まることにより下丹田に力が入りやすくなるとともに、両人差し指を前方に伸ばすことによって指向性が定まり、その直線上に大きな力が出せるようになる。動じない心が生まれる。（第1章）
地蔵菩薩の印	瞋り（いか）などの煩悩が心の中で激しく動いている時などに、強張ってしまいがちな横隔膜上部、鳩尾のあたりの詰まりをとり、リラックスして瞋りを鎮める効果がある。（第3章）
叉手（懺悔の印）	肩の無駄な力が抜けて、落ち着いて、地に足がついた感覚を得る。（第5章）

宝生如来	外縛印	法界定印

哀れむ気持ちが出やすくなり、火事場の馬鹿力的に強い力が出る。肝経、胆経にエネルギーが流れ、股関節の動きがよくなる。（第5章）	胃経にエネルギーが流れ、身体の中心から力が湧いてくる。感謝の想いが出やすくなり、しゃがみ立ちが楽になったり、人をおんぶしやすくなったりする。（第5章）	肩の無駄な力が抜けてエネルギーが下がり、それが下丹田に集中して肚から力が湧いてくる。（第5章）

	名称	効果
1	聖観音の印から八葉印	中丹田が活性化し、慈悲・慈愛の気持ちを立ち上げやすくなる。また、そこから八葉印に開くことでさらに動的な開いた気持ちを持ちやすくなる。（第5章）
2	虚空蔵菩薩の印	手放すことによって胸元が開き、肩の力が抜け、スッと気が下がり、肚に気持ちが納まる。天からのエネルギーと大地からのエネルギーが喉で合わさる。（第5章）
3	文殊菩薩の印	課題解決のための直感的な智恵の湧出。その湧出に合わせて身体を使うと、上丹田が刺激され身体が十全に機能する。（第5章）

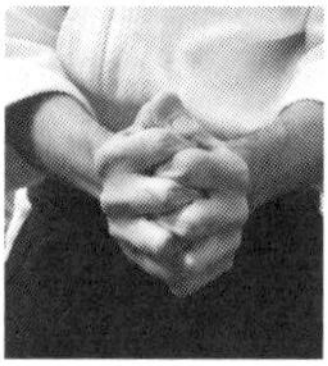

智拳印	刀印	被甲護身の印
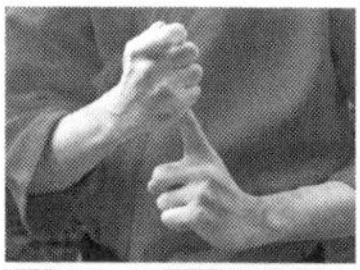 	 	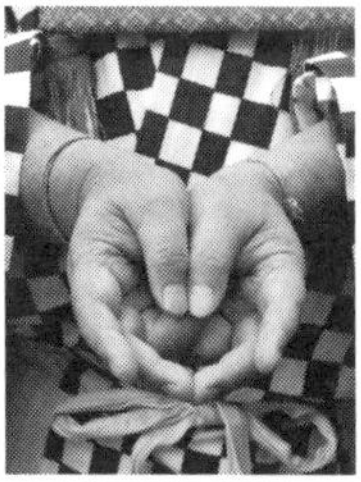 
智恵の印でもある。右手をスッと引き上げるように組むと、頭頂に抜けていく全託の印となり、気配が消え、浮きがかかる。（第5章）	エネルギーの詰まり、悪霊、魔的なものを斬る。自己の内面の迷いを斬る。（第7章）	頭上のエネルギーが下へ広がり、兜をかぶったような気の流れができる。あらゆる魔から身を護る。（第9章）

目次

※本書は2018年～2020年に『月刊秘伝』誌に掲載された連載より編纂・構成したものです。

第1章

印を結ぶ&懺悔する

1 「半僧半俗」——修験者、そして身心に関する教育者として

山伏（修験者）の長谷川智です。山形県出羽三山で修行した羽黒派古修験道の先達（二十度位）で、山伏名を長谷川智光と申します。

また、山伏は「半僧半俗」、里では体育教師をしています。いくつかの大学で非常勤講師として、古武術、東洋的身体技法、ヨーガ等を教えており、山梨学院大学iCLA（国際リベラルアーツ学部）では、「修験道」の授業を担当しています。保健体育の科目として「修験道」を教えているのは、日本で唯一人私だけではないでしょうか。保健体育的視点から修験道を読み解き、「日本の伝統的修行法の実践・研究」「心と身体の健康教育」「技術の向上と人間形成」をテーマに実践研究・教育活動を行っています。

修験道は、あらゆる技芸、スポーツ、日常生活の基盤になる智恵の宝庫です。これまで、その多くは口伝で修行者にのみ伝承されてきました。一般には語られることがなかったからこそ「秘伝」と言えます。今でも羽黒派古修験道の山伏修行「秋の峰」では、家族といえども修行の詳細は口外しないとの誓約書を書いて、入峰します。
しかし、時代も変わり、少しずつ秘密のベールもはがされてきました。本書を通して、許される範囲で、①実際に修行して体感してきた修験道の魅力、②修験道の伝統的な智恵と技、③そこから発想した身心技法、をお伝えしていこうと考えています。それが、皆さんの人生にとって何かのヒントになれば幸いです。

2 実修実験の修験道

修験道は、実修実験の修行です。これはと思うものがありましたら、どうぞご自身の身をもって実験してみて下さい。例えば、大学の授業で、修験道の本尊「不動明王」の印を結ぶと、まさに不動の身体になり、身体が安定し強い力が出ることを紹介すると、学生達はキツネにつままれたような顔をします。そんな時、私は「信じなくていいから、自分で実験してみて！」と言います。そして、次のようなワークをしてもらいます。

【ワーク1】不動明王の印を結ぶと、強い力が出せる。

不動明王の印を結ぶと……

普通に両手の指を組んで握った時と、不動明王の不動根本印を結んだ時とで、様々な動作を行う際に、大きな違いが生じる。不動明王の印を結ぶことによって、小指側がしっかり締まるので下丹田に自然と力が入りやすくなる。また、両手の人差し指を前方に伸ばすことで、志向性が定まり、その直線上における力が強くなる。

ビフォー

普通に両手の指を組んで握る

アフター

不動明王の印を結ぶ

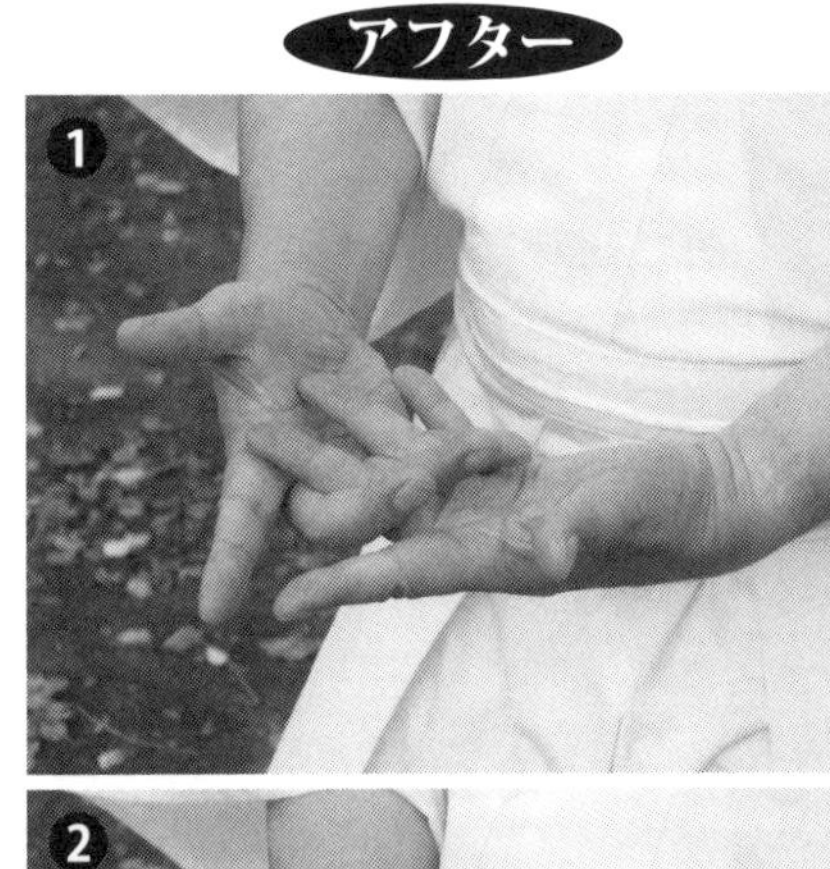

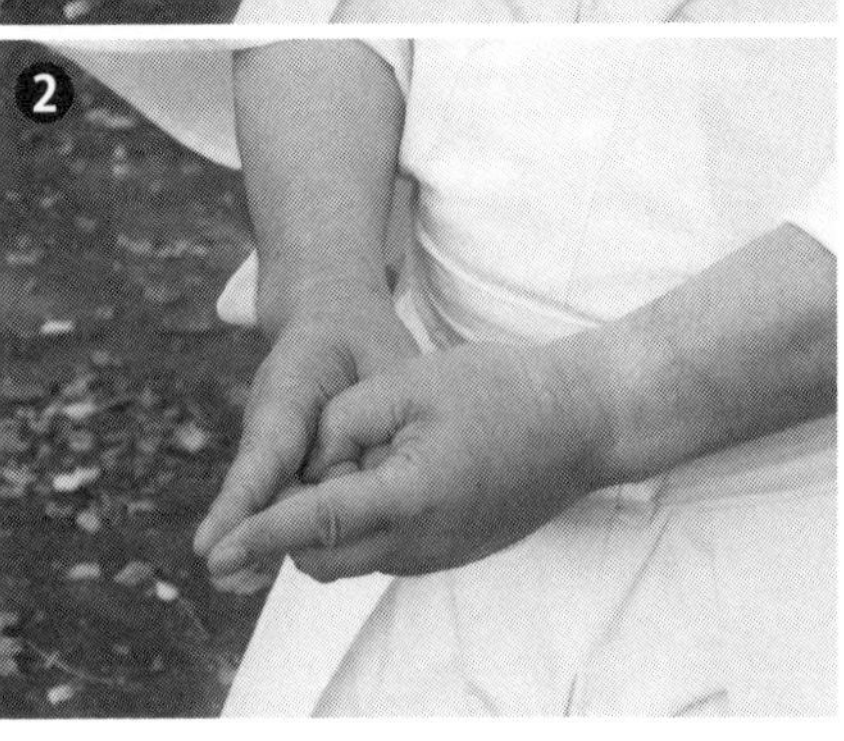

〔ワーク1〕強い力が出せる

ビフォー

普通に両手の指を組んで握る

A（写真右）は、両手の指を組んで握る。この状態では、Aの腕を掴んでいる相手Bを真っ直ぐ突いても、なかなか押し込めない。

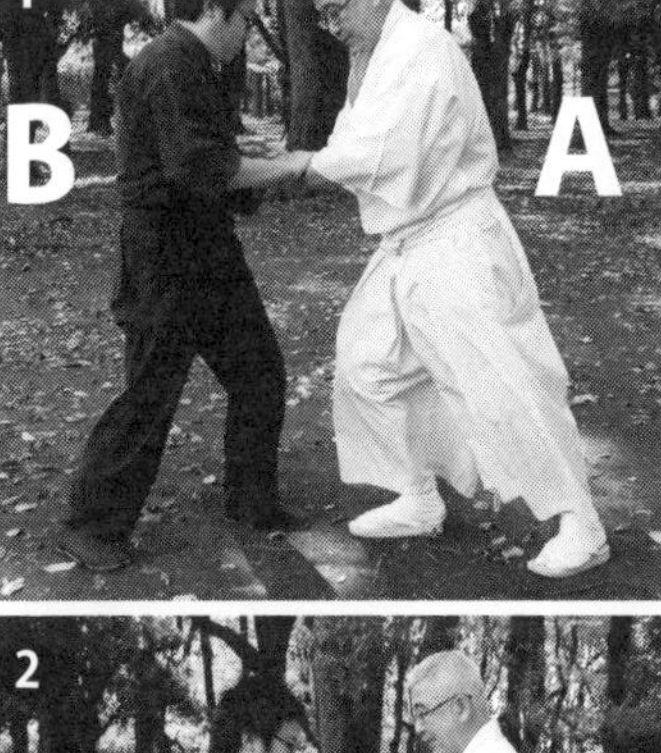

アフター

不動明王の印を結ぶ

不動根本印を結んで真っ直ぐに突くと、力んで押し込もうとしなくても、相手を崩すことができる。

※このワークの注意点としては、力比べではなく、変化を感じる実験なので、Bはむやみに踏ん張ろうとするのではなく、「測定器となる」意識で行うこと。

〈ワーク2〉身体がぶれない

普通に両手の指を組んで握る

Ａ（写真右）が両手の指を組んで握った状態で相手に押し込まれると体勢を崩してしまう。

ビフォー

不動明王の印を結ぶ

不動根本印を結んだ状態では同じように相手が押し込んできても簡単には崩されない。

〔ワーク3〕動じなくなる

腕を自然に前に置く

A（写真右）が腕を自然に前に置いた状態で、相手がAの顔の前で指先を向けて前後に動かすと、顔に当てないと分かっていても上体が少し下がってしまう。

アフター

不動明王の印を結ぶ

不動根本印を結ぶと、肚に意識が収まって動じなくなる。

【ワーク2】不動明王の印を結ぶと、身体がぶれない。
【ワーク3】不動明王の印を結ぶと、心も動じなくなり、ビックリしない。

不動明王の印を結ぶことで、手先と体幹のエネルギーの流れがつながり、下丹田が充実し、心も身体も不動の状態になるのです。

このように、ビフォー&アフターで効果を実感しながら、自分の心と身体と向き合う感性を磨いていくことが重要です。あらゆる技術の習得のために必要となる、身心の感覚訓練になります。本書では、様々な身心技法をご紹介しますので、その時々に、「今、自分の身体は、どうなっているのだろう?」「心の状態は?」と、身心の両面から自分を観察する気持ちで、実修実験してみて下さい。

3 修験道とは

修験道は、山岳信仰をベースにした日本独特の実践的宗教です。修験道の修行者である山伏(修験者)は、山に籠り、自然と一体化し、厳しい修行を行うことで、悟りを目指します。その結果、超人的な能力「験力(げんりき)」を獲得し、その験力を以って衆生救済のために東奔西走するのが使命です。

山林抖擻、滝行、護摩、読経、祈祷、禅定（瞑想）といった修行を行います（詳細は、追々ご紹介いたします）。

根本理念は、「上求菩提下化衆生」「慚愧懺悔六根清浄」「擬死再生」です。中でも、私は、修験道とは「懺悔の行」だと考えます。山の修行というと、修行者が「慚愧懺悔六根清浄」と唱えながら山を登る姿を思い浮かべる方も多いのではないでしょうか。実際に「慚愧懺悔六根清浄」と唱えながら山を登ると、身が浄められ心が軽くなり、山を登りやすくなります。また、山を登りながらだと、潔く懺悔しやすくなります。

【ワーク4】懺悔すると、足の力が強くなる。（次ページ写真参照）

私達山伏は、山を道場に、懺悔の仕方を学びます。自然の力を借り、そこに住まう精霊達の力を借りながら、なかなか日常では到達できない意識の層に触れることで、深く自分をみつめ、心の奥底、魂の次元からの懺悔を体験することができるのです。

山伏は、天地をつなぐパイプとなれと言われます。パイプが詰まっていたのでは、流れが滞ります。パイプの滞りをとるためには、自分自身の罪穢れ、罪障を浄めなくてはなりません。すな

〈ワーク4〉懺悔すると足の力が強くなる

ビフォー

普通に行う

A(写真右)がバランスを崩さないように、Bは肩を貸しながらAの片足を持つ。その状態から、Aが持たれた足を踏み込むように下ろそうとしても、Bが力を入れているとAの動きは止められてしまう。

アフター

心の中で懺悔しながら行う

同じ動きを、心の中で懺悔しながら行うと、より強い力を出すことができ、足を下ろすことができる。

「懺悔する」とは、自分の情けない所、弱点、普段は見たくない負い目を素直に認め、潔く謝ること。そうすることで、自然と肩の力が抜け、下丹田に力が入りやすくなる。

わち、懺悔することです。自分自身が浄められ空っぽになってこそ、初めてそこに智恵や力が湧いてくるのです。修験道というと、天狗に象徴されるような超人的な能力が注目されがちですが、修験道の本来の目指すところは、超人的な能力を獲得することに止まらず、その能力を使って衆生の苦しみを取り除くこと（上求菩提下化衆生）です。

私も、山と里を往復しながら、山で得た智恵を里で伝え、里でまた何か問題が起こると、その問題を抱えて山に入り、修行によってその問題を解決するためのヒントを得てくるということを繰り返しています。

4 森羅万象を拝む修験道　リスペクトの持つ力

修験道では、森羅万象に命が宿ると考えます。山を拝み、巨木や巨岩を神と崇めます。羽黒派古修験道の山伏修行でも、拝所を拝みながら山野を駆け巡ります。蜂中堂（ぶちゅうどう）という道場では、開祖蜂子皇子（はちこのおうじ）を拝み、祝詞をあげ、ご祈祷を繰り返します。滝行の時も、滝に山に、そこに住まう精霊達にと、四方八方に手を合わせます。

以前は、訳もわからず、師匠や先輩の真似をして、手を合わせていました。それが、最近になって、ようやく心の底から全てを託す気持ちで、大いなるものに手を合わすことができるようになってきました。

そして、様々な身心技法を通して、場に対して、相手に対して、道具に対して、そして自分に対して、拝むような気持でリスペクトすることの大切さを伝えています。今風に「リスペクト」という言葉を使っていますが、「礼を尽くす」「尊重する」「尊敬する」「大切にする」「大事に扱う」、そういった気持ちを表現しているものとお考え下さい。

武道では、道場に入る時に礼をし、立ち合いの前後にお互いに礼をします。高校球児達も球場に入る時に礼をし、試合の前後にお互いに礼をします。最近では、テニスの全米オープンで優勝した大坂なおみ選手が、対戦相手のセリーナ選手をリスペクトする姿が清々しく話題になりました。

このような話は、なるほどと納得する一方で、何か表面的な道徳論を押し付けられているような気がするのではないでしょうか。私自身、以前は表面的な道徳論が大嫌いでした。しかし、修験道の修行をするうちに、リスペクトは、本当に大切なことで、実効性もあることを実感できるようになりました。皆さんも、次のような方法で、そのことを試してみて下さい。

［ワーク5］ 相手を拝むようにリスペクトすると、力が有効に使える。

〔ワーク5〕相手を拝むようにリスペクトすると、力が有効に使える

普通に行う

①A（写真右）の腕をBは両手で掴んで、両足で踏ん張る状態をつくる。②その状態から、Aが力任せに引っ張ろうとしても、力と力が衝突してしまい、Bに踏ん張られてしまう。

ビフォー

相手をリスペクトする気持ちを持って引っ張る

同じ状態から、相手をリスペクトする気持ちを持って引っ張ると、Bを引っ張り込むことができる。

「リスペクトする気持ち」は、両手を合わせて拝む姿勢をとることで、よりしっかりとしたものになる。相手をリスペクトすると、相手の中心をとらえやすくなる。同時に、自身の正中面にエネルギーが集まってくる感じがある。それによって、相手の中心と自身の中心が一つに合わさる感覚を得られる。

〔ワーク6〕自分の身体を大切に扱うと、楽に後屈できる

身体を雑に扱うように後屈

自分の身体を大切に扱うイメージをもって後屈

両手を腰に当てて、体を雑に扱うように後屈した時より、体を非常に大切に扱うイメージを持って後屈した時の方が、より大きく体を反らすことができる。これは、体を大切に扱う意識を持つことによって、首や肩の力みが緩まるためである。

【ワーク6】自分の身体を大切に扱うと、楽に後屈できる。

先日、「全国のびのび剣道学校」という剣道の研修会で、面白い実験をしてみました。地稽古というお互いに自由に技を出し合う稽古をしている最中に、片方の人だけを呼び「相手をリスペクトする気持ちで稽古するように」とのアドバイスをしました。そして、また同じ相手と稽古してもらったのです。何をアドバイスしたのか知らない相手の人に、「何か違いがありましたか？」と尋ねると、「無駄な力が抜けて、動きが良くなった。仕掛けていっても、バタバタしないので、やりにくくなった」とのこと。私が見ていても明らかに動きが変わっており、本人も「落ち着いて相手が見られるようになった」と、予想以上の変化が見られました。道場全体の雰囲気が柔らかくなり、より活発な技の応酬が見られるようになりました。にわかには信じがたいと思いますが、試しにやってみて下さい。

5 山籠り

古来より、多くの武芸者が、課題解決のために山に籠って修行してきました。鞍馬山で修行した牛若丸に始まり、剣豪宮本武蔵、空手家大山倍達の山籠りは有名です。スポーツの根性ものを扱った日本のアニメでも、山籠りは定番のモチーフです。限界を突破するために、主人公は人里離れた山中で修行し、新しい心技体を身につけて帰ってきます。自然の中で、山野を駆け、瞑想すると、身体も心も研ぎ澄まされてきます。潜在的な能力が引き出され、異次元の世界に触れることができるのです。

山そのものを神と崇める修験道でいう山籠りは、もう少し霊的な要素が強く、山籠りによって神仏との合一を目指し、山の気をいただき、霊的な能力を獲得します。

私も25歳で山伏修行を始めて以来30数年、夏の1ヶ月〜1ヶ月半、山形県の出羽三山（羽黒山、月山（がっさん）、湯殿山）に籠って修行しています。この夏も8月〜9月初旬の1ヶ月余りを出羽三山で修行してきました。月山登拝、湯殿山での滝行、拝所での祈祷、瞑想等の修行を行いますが、その年ごとに、その時自分が抱えている課題や山の天候により、修行の重点は変わります。今年は、記録的な豪雨に見舞われ、ほとんどが籠りの行となりました。湯殿山参籠所（さんろうじょ）でまさに参籠、瞑想と印・真言の研究に明け暮れる毎日でした。その結果、得たことは「安心の瞑想」です。

6 安心の瞑想

湯殿山参籠所には、金峰山青龍寺から返還された胎蔵界大日如来の仏像が祀られています。連日その仏前で瞑想しているうちに、ある時、大日如来につながるような安心感に包まれました。胎蔵界とは、「密教で解く両部（胎蔵界・金剛界）の一。大日如来を本来の悟りである理性（りしょう）の面から見ていう語で、理性が胎児のように慈悲に包まれて育まれることから、こう名付ける」（三省堂『大辞林』）とあります。まさに山を母の胎内とみなし擬死再生の修行をする修験道とつながる世界です。そこには、慈愛に満ちた根源的な安心感があるのです。

そういえば、師匠（故佐藤美知子師：瞑想・滝行指導者）は、瞑想する時、よく「遠くを観て、目を弛め、肩の力を抜いて、あ〜安心、その安心感を下丹田に置きなさい」と説いておられました。その教えが、より深い次元で理解できた瞬間でもありました。

ようやく天候が回復し、湯殿山の満天の星空の下、今夏の修行を締めくくる最後の瞑想をしました。「本当のことを知りたい」、生まれてこのかた、ずっと胸の奥にあった想いが自覚されました。その想いを胸に、本書を進めていきたいと考えています。どうぞ、しばらくお付き合い下さい。よろしくお願い致します。

2018年夏、出羽三山で山籠り。窟（いわや）は自分自身と向き合う場所として使われることが多い。

第2章

山伏の歩き

1 山林抖擻とは

修験道の主な修行には、山林抖擻、滝行、護摩、祈祷、禅定（瞑想）があります。本章は、その中の山林抖擻についてご紹介させて頂きます。

山伏（修験者）は、大自然を道場に、その懐に抱かれて修行します。山林抖擻とは、大自然の中を駆け巡る修行です。優しくも厳しい自然の中に身をさらすことで、自然との一体感を感じ、命の重みを実感します。1日何十キロもの長距離を歩く、険しい山道を登る・下る、岩をよじ登る、沢を渡渉する。それによって、身心を鍛え、超自然的な力（験力）を得るのです。と言っても、ただ厳しいトレーニングをするだけではありません。神が宿るとされる大自然の中を歩くことで、大いなるものと一体化することを目指します。山の気を受け、精霊に出会い、過去にそこで修行した人たちの魂に助けられ、異界の扉を開けるのです。

また、自分自身の無意識の蓋が開き、思いもかけない自分と出会うことにもなります。目をそむけたくなるような邪悪な心に出会うこともありますが、それを受け入れ、懺悔し、昇華していくのも大切な目的です。

更に、歩きながら自分が抱えている問題を整理する、インスピレーションを得る、思索するといった、日常生活でも即応用可能な側面も含んでいます。

2 羽黒山伏の抖擻行

羽黒山伏の抖擻行と言えば、山伏合宿「秋の峰」での、出羽三山の主峰である月山（がっさん）への登拝、秘所東補陀落（ひがしふだらく）、三鈷沢（さんこざわ）への抖擻でしょうか。

月山では、「笠とり」と呼ばれる尾根沿いの道を歩いていた時、突然胸に穴が開き、心地好く風が吹き抜けるような感じを受けました。何とも清々しく、風に浄められたような、言いようもない透明感と自然との一体感でした。また、高速で斜面を駆け下りていると、突然石が光り出すことがあります。次に置くべき足場が、浮き上がって見えてくるのです。今流行（はや）りのゾーンに入る状態とでも言いましょうか。自然に感応して、ある種の変性意識状態に入ります。山と一緒に踊っているようで、とても楽しいです。

東補陀落は、天に向かって突き上げるように三体の奇岩が聳（そび）え立っており、思わず手を合わせたくなる迫力です。山岳信仰では、大きな岩、大木、滝などの自然の景観を神と崇めますが、それも

羽黒山の石段を登る。

月山の崖のような道なき道を進む。山を歩く時、本文にあるような「体に負担の少ない歩き」が大切になる。

自然な成り行きと納得できる場所です。

三鈷沢では、山伏仲間が「三鈷沢ハイ」と呼ぶ、とてもありがたくて敬虔な気持ちになります。私も、とても感受性が高くなり、具合が悪くなった先輩を背負う仲間の姿に、魂が揺さぶられ、思わず涙が溢れ出たことがありました。その原因は定かではありませんが、磁場の影響もあるのかもしれません。途中の立谷沢川は、メノウの産地で、砂金も採れます。鉱脈の上を歩くことにより、身体も意識もその影響を受けるのでしょう。弘法大師空海も丹生（**※注**）を探して全国を行脚したと言われているように、古来より鉱脈探しは山伏の仕事の一つでした。

※注：中国で不老長寿の薬と言われていた水銀のこと。

3 修羅の行から懺悔の行に

私は、若い頃、一日に月山登拝と東補陀落抖擻の両方にチャレンジしていました。どちらか一方でもかなり厳しい道のりで、その両方を制覇する者は少なく、今でも語り継がれています。当時は、それを勲章と思っていましたが、今思うと、それは修羅の行でした。誰が一番に登ったとか、スピードが速いとか、数字や順位が目に見えると、競争心に火が着きやすいのです。負けず嫌いの私は、誰よりも速く山頂に登り、聖地を制覇するのだと、体力に任せて突っ走っていました。お恥ずかしい限りですが、競争心や負けたくないという想いが出てきた時は、それを否定してはいけません。その想いと真正面から向き合うことも修行です。普段の生活では、「負けたくない」「人を蹴落としてでも勝ちたい」という想いは抑圧しています。しかし、自然の中で修行していると、日常では蓋をしている無意識の衝動が飛び出してくることがあります。そんな自分の中にある修羅の想い、邪悪な想いを懺悔できるようになると、心は晴れ晴れするのです。

様々な修行体験を経て、今、確信を持って言えることは、歩くという行為により懺悔が深まり、懺悔しながらだと歩きやすくなるということです。懺悔は、人生の歩き方にも大切な心境です。

4 我が消える

私は、若い頃、羽黒の祝部（はふり）の長だった、大川治左衛門康隆さんの背中を追って修行させて頂きました。治左衛門さんの歩きは、自然に後押しされるような軽やかな歩きでした。徐々にギアチェンジしていく様子は、敢えて操作しているというより、自然にそうなっているという感じでした。足運びもガツガツ力強くではなく、ソフトランディング。「この私が歩く」といった自己顕示的なも

上半身を上下動させない歩き

段差や凹凸のあるところを歩く際、一般的には上段写真のように足を伸ばしきって段差を乗り上げてから下りる上下動の大きな歩きになる。一歩ごとに身体が大きく上下動してしまい、身体にかかる衝撃と負担が大きい。対して、下段写真は上半身の上下動を極力減らすように下半身を柔らかく使った歩き。身体への負担と衝撃が少なく、痛めにくく疲れにくい歩きと言える。

のではなく、自然に身を任せて「自然と一体化して歩く」といったイメージでした。

そんな治左衛門さん直伝の技を一つご紹介しましょう。岩場で起伏の激しい道を登り・下りしている時、後ろから見ていて、治左衛門さんの頭はまったく上下動しないのです。スキーのモーグルのように、下半身で衝撃を吸収し、無駄な動きはいっさいせず、エネルギーのロスを最小限に抑えるのです（前ページ写真参照）。それは、強靭な筋肉の賜物というより、全身の骨・関節を自在に使う、全身を協調させたしなやかな動きでした。

5 長距離を歩いても疲れない方法

長距離を歩いても疲れない方法は、身体を痛めず、無駄なエネルギーを使わないことです。そのコツをつかむためには、とにかく自然の中を歩くことです。自然の中を歩いていると、身体がなじんできます。

以前、「新体道」創始者の青木宏之先生にお会いした時、「自然の中を30分位走っていると、身体が自然に同化してくる。すると、本質的な剣の握りがみえてくる」というお話を伺いました。私自身も、ひたすら月山を登拝し、湯殿山のお沢駆けを繰り返しました。その中で、局部に負担をかけず、全身を協調させる上手な身体の使い方を自然に身に付けてきたのです。

6 桐朋流ナンバ走り

全身を協調させた効率的な動きは、古武術にも共通するものですが、スポーツへの応用例を一つご紹介します。２０００年頃、桐朋高校バスケットボール部が、「古武術バスケ」で高校バスケットボール界に旋風を巻き起こしました。その時、私は、同部のメンタル・フィジカルトレーナーとして関わっていました。桐朋高校は、都内屈指の進学校で、スポーツ推薦の入学制度などありません。部活もそれなりに盛んではありますが、練習時間は1日1時間半位、バスケットボール部の成績も、それまでせいぜい都大会でベスト16止まりといったところでした。それが、「古武術バスケ」で、全国大会出場の快挙を成し遂げたのです。「古武術バスケ」とは、武術家の甲野善紀先生のアドバイスを受け、金田伸夫監督を中心に、スタッフ、選手が一丸となって開発した、古武術の術理を応用したバスケットボールです。その時の革新的な技の一つが桐朋流ナンバ走りです。

桐朋流ナンバ走りは、「捻じり」「踏ん張り」「蹴り出し」など、エネルギーの流れを阻害する要因を排除した、効率的な走り方です。キーワードは、「捻じらない」「うねらない」「踏ん張らない」。

桐朋流ナンバ走りを用いた歩法

全身を連動させた歩き

上掲写真1～4は、鼠蹊部を折り畳みながら、斜面に体を沿わせるようにして進む歩き。こちらの方が、全身を連動させた疲れにくい歩法である。

一歩ごと踏ん張った歩き

ここでは、上り坂を歩く際の二つの歩き方を示している。上掲写真1～2は腰を中心に体を捻り一歩ごと踏ん張って歩く一般的な歩き。

一歩ごと蹴り上げる走り

以下3例は抜き身の刀を持って坂道を駆け上がる動き。次掲写真は腰を捻り一歩ごと蹴り上げる走り。

身体を捻らない走り1

腰を捻らない走り方。刀を持った右手を後ろに置いている。

身体を捻らない走り2

同じく、腰を捻らない走り方で、刃先を前に向けつつ、前方から見ると刀が体の中に隠れるようにしている。腰を捻らない二つの走りは、頭の上下動があまりなく、目線のブレを少なく抑えられている。

全身を連動させ、エネルギーのスムーズな流れを重視した走り方のため、疲れにくく、試合の最後まで走り続けることができるようになりました。また、身体を捻じると、上半身がブレてパスが安定しません。それが、下半身を安定させ、身体を捻じらず走ると、目線や上半身のブレが少なくなります。上半身と下半身を分離して動かせるようになり、手が自由に使えます。その結果、安定したパスが出せるようにもなったのです。

「頑張る動き」は「我を張る動き」です。ナンバ的な動きに取り組む過程で、心と身体の無駄な頑張りが消えました。チーム一丸となって新しいものを創造する喜びを実感し、目的遂行のために日常の生活態度を見直しました。その結果、生徒たちは、バスケットボールの技術が向上しただけでなく、人間的に大きく成長しました。それは、体育に携わる者として、この上ない喜びでした（詳しくは、『ナンバ走り』矢野龍彦、金田伸夫、織田淳太郎著［光文社新書］、『ナンバの身体論』矢野龍彦、金田伸夫、長谷川智、古谷一郎著［光文社新書］をご参照下さい）。

では、ここでナンバ走りの身体の使い方を用いた歩法を紹介します（42〜43ページ写真参照）。

7 ローテーション歩き

疲れないで歩くためのもう一つの秘訣は、ローテーション歩きです。「正しい歩き方は一つ」という、世の中の思い込みを解く方法でもあります。歩き方を一つに固定すると、身体のどこか一ヵ所に負担が集中して、痛みや歪み、疲労の原因になります。そこで、ある一定の間隔（電信柱1本分、約20m位）で、さまざまな歩き方をローテーションさせるのです。古伝の「七体之法」をヒントに、以下のような方法を提案しています。①左手をやや大きく振る（左右の比率は6対4、他の人から見てもわからない位の違いです）②右手をやや大きく振る　③歩幅を変えて、左足をやや大きく踏み出す　④右足をやや大きく踏み出す　⑤肚（下丹田）を意識して歩く　⑥胸（中丹田）を意識して歩く　⑦頭（上丹田）を意識して歩く。これらを繰り返します（46～47ページ写真は「ローテーション歩き」の意識付けを助けるワーク）。

このような歩き方をしていると、疲れないだけでなく、日頃の偏った歩き方でついたクセを歩きながら調整することもできるようになります。変化のさせ方は無限にあります。例えば、「肚を据えて歩く」「おおらかな気持ちで歩く」「頭を空っぽにして歩く」など、イメージを変えてみるのも面白いものです。

歩きの可能性が広がると、歩くことが楽しくなり、どんどん歩けるようになります。いつでも、どこでも、どんな方法でも、歩きの修行はできるのです。是非いろいろ工夫してみて下さい。

ローテーション歩き

肚（下丹田）を意識した歩きを助けるワーク

①前後に並んで歩く中で、②〜④ペアの人（後ろの人）に腰を軽く押さえてもらいながら、そのまま歩く。このワークは、肚（下丹田）を意識して歩くことを助ける。ペアの人は、歩く人の骨盤、股関節を包み込むように押さえ、肚の中心（下丹田）に向かって軽く押し込む。歩く人の骨盤周辺の関節、股関節が下丹田に向かってはめ込まれるような感覚になる。

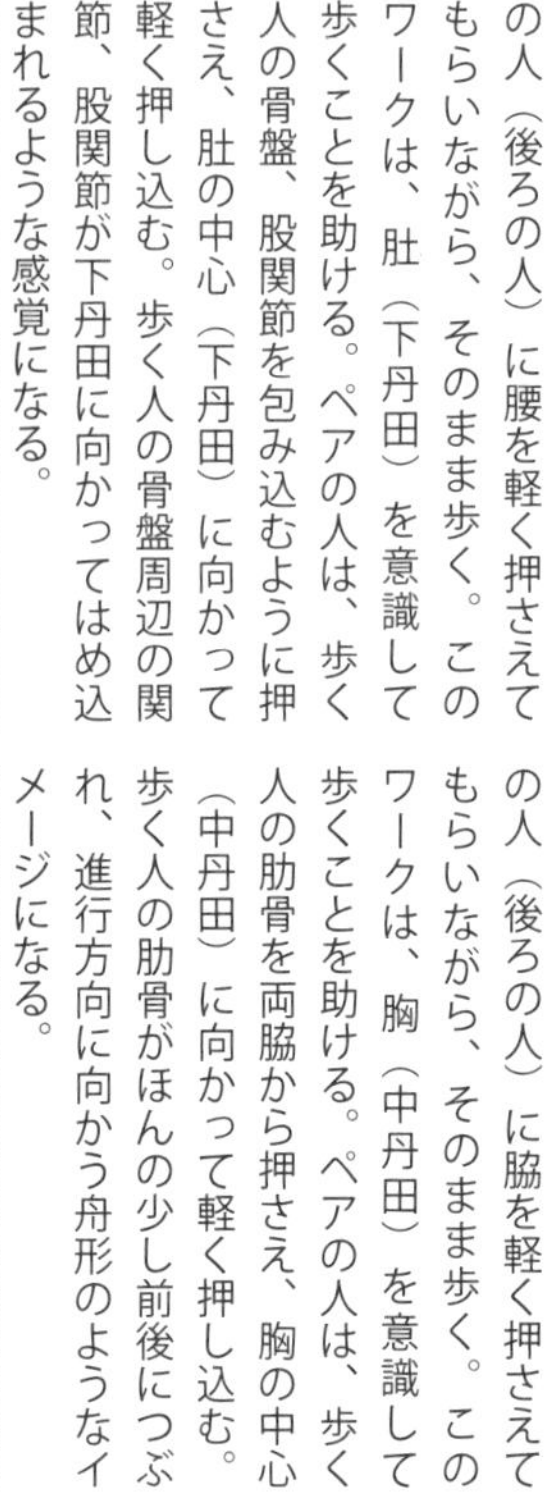

胸（中丹田）を意識した歩きを助けるワーク

①前後に並んで歩く中で、②〜④ペアの人（後ろの人）に脇を軽く押さえてもらいながら、そのまま歩く。このワークは、胸（中丹田）を意識して歩くことを助ける。ペアの人は、歩く人の肋骨を両脇から押さえ、胸の中心（中丹田）に向かって軽く押し込む。歩く人の肋骨がほんの少し前後につぶれ、進行方向に向かう舟形のようなイメージになる。

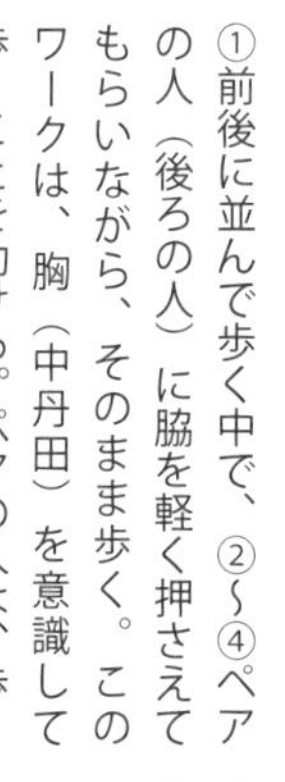
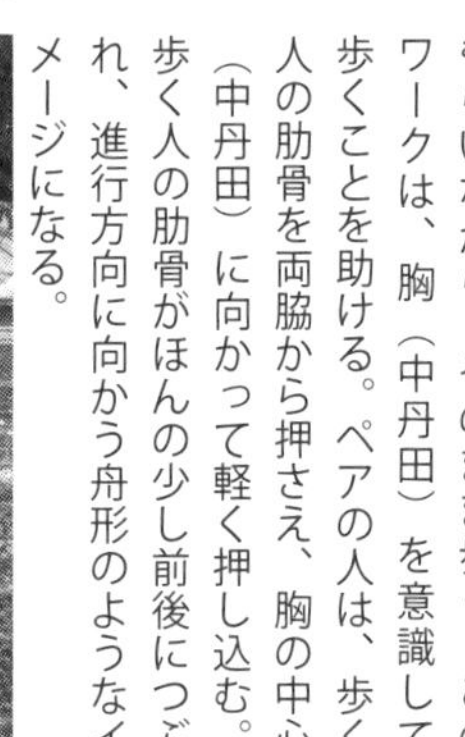

頭（上丹田）を意識した歩きを助けるワーク

①前後に並んで歩く中で、②〜④ペアの人（後ろの人）に頭を軽く押さえてもらいながら、そのまま歩く。このワークは、頭（上丹田）を意識して歩くことを助ける。ペアの人は、歩く人の頭に鉢巻きを巻くように手を当て、頭の中心に向かって軽く押し込む。歩く人は、上丹田を意識して、遠くを見るようにする。

4
3
拡大
4
3
拡大
4
3
拡大

8 心の成長のための歩き方

ここからは、心の成長を促すという観点から、歩きについて考えてみたいと思います。

京都の哲学者達が「哲学の道」を歩きながら思索にふけったように、古来より、歩きながらだと良い発想が生まれると言われています。更に、心をみつめる、内省する場合でも、歩くことが有効です。その際、どのような歩き方をするのが、より心理的に有効かということをみていきたいと思います。

心の高みを目指した時、「影（※注）」は必ず現れます。「影」と対峙せずして、心の成長はあり得ません。その対峙のために、身体を居着きがない状態、上虚下実の状態にしておくことが、非常に有効です。それが、修験道で、心の修行の手段として、自然の中で存分に身体を使う所以です。

※注：「影」とは、ユング心理学における概念の1つで、「自分自身の認め難い、ある側面」です。ユング心理学では、その「影」を受け入れることで、心の全体性を回復し、心理的成長をすると捉えられています。

先日、私の瞑想クラスの生徒が、山に登ってきた時のことを報告してくれました。「心構えが変わったら、今まで感じたことがないような深い懺悔や感謝の想いが、自然に出てきて、とても心地好く山を登ることができました。これまでも、さんざん山を登ってきましたが、いかに高い山に登るか、いかに速く登るかと、山を征服するつもりで歩いていたので、とてもそのような気持ちを感じることはできませんでした。ありがとうございました」

善き心は、身体を居着かなくさせます。また、居着かない良き動きは、心を深く観る時の大きな助けになります。どのような想い、どのような動きで山を登るか、それがとても大切なことだと改めて教えられました。

「居着き」とは、古来、武道において、避けるべき状態を示す重要な概念として扱われてきました。私の実感としては、「居着き」とは、身心のエネルギーが部分的に停滞している状態です。武道では、動きが悪くなり、スキができることを意味します。心が何かにとらわれると、身体が居着きやすいのは、容易にイメージできると思います。

逆もまた真なりです。エネルギーの流れに滞りがなく、居着きのない身体・動きは、心を居着きにくくさせ、「影」も受け入れやすくなります。

では、以下に、「居着き」を取るための具体的な方法をご紹介しましょう。

山梨県富士河口湖町にある河口浅間神社の石段を一本歯の下駄で下る。

9 一本歯の下駄

天狗や山伏が山野を駆け巡る時に、一本歯の下駄を履いている絵がよく見られます。なぜなら、一本歯の下駄を履くと、身体が居着かなくなるからです。一本歯の下駄は、身体を固めて安定させようとすると身動きがとれません。足元が不安定で、どこにも寄りかかることができず、身体全体を使って何とかバランスをとろうとします。その状態で山中を歩くと、無駄な力が抜けて、自然に身体を固めず、居着かない身のこなしを体得できるのです。一見難しく見えますが、使いこなせるようになると、他の履物より、かえって便利だと言われています。

数年前、テレビの撮影で、山形県羽黒山の

2446段の石段を一本歯の下駄を履いて登った時のことです。階段の幅も段差もまちまちで、滑りやすい石の階段です。テレビカメラの前で転ぶ訳にはいかず、初めは、足元に気をとられ、滑らないように登ることだけを考えていました。

しばらく歩いていると、格好よく見せよう、滑るまいと思う気持ちが、身体を固めてバランスを取りにくくしていることに気づき、それを素直に懺悔しました。そして、その石段が出羽三山神社の本来の参道であることを思い出し、大神さまに思いを馳せ、自分は天地をつなぐパイプとして出羽三山、修験道のことを紹介させて頂く役目を果たせばいいのだという気持ちになりました。すると、不思議と肩の力が抜け、下肚の充実を感じられるようになりました。

身体は正直で、自分の心の状態が見事に映し出されます。一本歯の下駄を履いていると尚更で、ごまかしようがありません。

武道の修行では、よく一本歯の下駄が使われます。それは、一本歯の下駄を使うと、居着かない心と身体の動きを体得できるようになるからです。

ここで、それを実感して頂くワークをご紹介しましょう。

【ワーク1】 一本歯の下駄を履くと、居着きがとれてスムーズに剣が振れます。

〔ワーク1〕一本歯の下駄を履いて剣を振る

右列は草履を履いて、左列は一本歯の下駄を履いて、右手一本で剣（木刀）を振っている。一本歯の下駄を履いていると足元が不安定なため、剣を振り下ろす際にも、踏ん張って関節を固めてしまうことなく、肩の力が抜けた状態での動作になる。草履を履いている時は剣を振り下ろして止める際、〝自分で〟止めてしまうが、一本歯を履いている場合は、身体が自然と止めるのにふさわしい場所と瞬間を教えてくれる。

ビフォー

草履を履いて振る

アフター

〔ワーク2〕一本歯の下駄を履いて相手を引っ張る

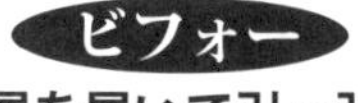

草履を履いて引っ張る

一本歯の下駄を履いて引っ張る

右列写真1~2は草履を履いて、自分の腕を両手で掴む相手を引っ張っているが、踏ん張られている。左列写真1~2は一本歯の下駄を履いて、相手を引っ張ると、相手は踏ん張りきれず引っ張り込まれている。これは関節の居着きがなくなるのと、身体の緊張しているところと緩んでいるところの差が少なくなり、全体的に均一にテンションがあがるから。

【ワーク2】一本歯の下駄を履くと、居着きがとれて、上手に身体が使えるようになります。無駄な力みがとれて、相手を引っ張る力が強くなります。

いずれも、写真を参考に、ビフォー&アフターで試してみて下さい。

最近では、武道に限らず、スポーツ、楽器演奏への応用も話題になっています。平昌(ピョンチャン)オリンピックの金メダリスト、スピードスケートの小平奈緒選手が練習に一本歯の下駄を取り入れているのは有名な話です。

また、私は、2018年3月まで、桐朋学園大学音楽科の体育講師として、音楽家のための身心の使い方を指導していました。そこで、一本歯の下駄を取り入れた授業を行っていました。一本歯の下駄を履いてヴァイオリンを弾くと、「指使いが難しくて、なかなか弾けなかったところが、弾けちゃった」。発声練習をすると、「伸びやかに声が出て、響く」といったことが起こります。その秘密は、注意が足の方に行き、細やかな重心調整を行うことで、居着きが少なくなり、肩の力が抜けた身体の使い方になっていたためだと思われます。

10 骨・関節を意識して歩く

とりあえず、自分がガイコツになったつもりで歩いてみて下さい。それだけで、全身が上手く調和して、軽々歩けることを実感できると思います。筋肉を使って、地面を蹴るように歩くと、力感が強く出ます。しかし、骨・関節を意識して歩くと、力感が抜け、居着かない身体の使い方になります。

筋肉を意識して、ガシガシ歩いていたのでは、「我（が）」が強くなるばかりです。心の葛藤が起こり、内面と向き合うことが難しくなります。骨を意識した居着かない身体の使い方ができるようになると、心の居着きもとれ、深い自己の内面と向き合えるようになれるのです。

［ワーク3］

ステップ1：特定の筋肉を意識して、強く地面を蹴るように歩く。

ステップ2：骨・関節を意識して、流れるように歩く。

（次ページ写真参照）

〔ワーク3〕筋肉を意識して歩く／骨・関節を意識して歩く

右列写真1～4は、ふくらはぎや太腿などの筋肉を意識して、地面を蹴るイメージを持っての歩き。一歩一歩を蹴って進むので歩きながら力強い反動を感じる一方、一歩ごとに居着いていることが感じられる。

左列写真1～4は、骨や関節を意識し、身体全体の繋がりを感じながらの歩き。筋肉を意識した歩きに比べて、一歩一歩に居着きがないことが感じられる。

また、本文のステップ3とステップ4（次ページ参照）を実際に体験して、その違いを体感してみてほしい。「自分の情けない心（ネガティブな面）を観ながら」、右列写真のように力んで力づくで歩くと、苦しみを感じやすいが、左列写真のようになるべく居着きをなくし流れるように歩くと、自分のネガティブな側面を受け入れやすい。そして、素直に懺悔することで自然と重心が丹田に下りてきて、下半身の安定感が増す。

ステップ1
筋肉を意識して歩く

ステップ2
骨・関節を意識して歩く

それぞれの力感、エネルギーの流れを感じてみて下さい。

ステップ3：自分の情けない心を観ながら、力んで力づくで歩く。
ステップ4：自分の情けない心を観ながら、なるべく居着きをなくし、流れるように歩く。

それぞれの心の苦しさを数値化してみて下さい。居着きのない状態の方が、苦しくないことを実感して頂けたら幸いです。

11 山下りの極意

私にとって、山は新たな技術を開発するための実験の場でもあります。長い時間、長い距離を歩くと、身体のどこかに支障が出てくることがあります。痛みが出ると、そこが弱いと考えがちですが、それは違います。使い方が下手で、エネルギーの滞り(居着き)が起こっているからです。痛みをコーチに、痛みを消すように動きを工夫していくと、痛みが消えると同時に、居着かない身体の使い方ができるようになります。

〔極意1〕 転がるように駆け下る

右列写真は坂道を一歩ごとに転ばないように踏ん張って駆け下っているのに対して、左列写真は自然に身体に加わった勢いに任せて転がるように駆け下っている。左列は当然居着きのない走りとなる。

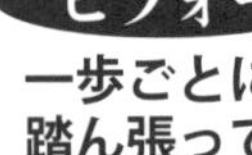
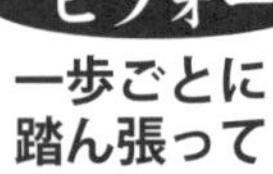
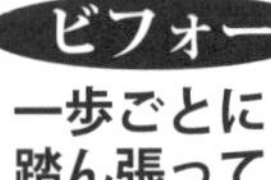

ビフォー
一歩ごとに踏ん張って

アフター
転がるように

〔極意2〕 スキーのスラロームのように下る

右、左に弧を描くように駆け下る。進行方向に手を向けると、身体が自然とその方向に進んでいくことの助けとなる。

例えば、山の下り方です。

【極意1】 ただひたすら、転ぶのを恐れず転がるように駆け下る。（前ページ写真参照）

これは、斜面を高速で駆け下る時の極意です。細かい技術云々より、転ぶことを怖がらず、転び続けるように駆け下ると、潜在的な身体の力が呼び覚まされ、技術がついてきます。

【極意2】 スキーのスラロームのように下る。（前ページ写真参照）

これは、急な斜面を安全に下り降りるための極意です。斜面に対して身体を正対させ、左右に弧を描くように下り降ります。スキーのモーグル、あるいはパラレルターンのイメージです。

12 聖地を歩く

最後に、山伏の立場から、聖地を歩くことをお勧めします。それは、霊的な次元で魂が喜ぶからです。

２０１８年10月、鳥取県の伯耆大山(ほうきだいせん)に行って来ました。開山１３００年を迎えた、修験の山です。古代の人々は、大山を神が宿る神聖な山と崇め、人が入ってはいけない禁足地として護っていました。そのおかげで、今でも広大な自然林が残っています。その後、平安時代になると山岳仏教が盛んになり、大山北壁中腹に伯耆国大山寺が開創されました。そして、一時は３院１８０坊、僧兵３０００人を有する大勢力を誇り、隆盛を極めるようになったのです。

ゴツゴツとした岩山に、うっそうとしたブナ林が続く北壁からは、大地のエネルギーと連綿と続く修行者たちの想いが伝わってきました。魂が揺さぶられ、肚の奥底から湧き上がる生命エネルギーを感じ、元気がみなぎってきたものです。体育教師としての私は、こういう土地でスポーツの合宿をしたら、さぞかしトレーニング効果が上がるだろうな、などと考えました。

古来、修験者とは、このような大自然のエネルギーとの交感の中に飛び回りながら、身心を磨いていたのであろうことを痛感しました。

第3章

影との対峙

1 「影」との向き合い方

ここまで、本書中、何度も「影」との対峙について触れてきました。なぜなら、私は、「修験道とは、大自然の中で心の闇を照らし、新しい自分と出会う修行である」と考えるからです。40年近くに渡る山伏修行で、①「影」との向き合い方と、②懺悔の持つ力を実感してきました。そこで、本章では、改めて、その2点について述べさせて頂きます。

自分の「影」と向き合うことは、なかなか難しいものです。しかし、「影」をないものとして抑圧すると、肝心な時に、足をすくわれます。また「影」を責めるように観ていると、心も身体も頑なになり、居着いてしまいます。弱みを見せまいと自己防衛的になると、肩に力が入り、無駄な力みが出ます。落ち込んだ反省では、力が入りません。

それが、「影」をあるがままに受け入れて懺悔すると、妙（たえ）なる力が湧いてくるのです。荒行で身体のエネルギーを通す（五体流通）と、「影」と向き合いやすくなり、「影」と向き合うと荒行に耐えられます。山伏が「慚愧懺悔六根清浄（ざんぎざんげろっこんしょうじょう）」と唱えながら山を登るのは、まさにそのためです。

栃木県の出流山（いづるさん）にて（2010年）。自然の厳しさと恵みを有する山は、自身の「影」と向き合う場として最適な環境である。

2 「影」の多層性

「影」とは、ユング心理学の重要な概念で、「人格の否定的側面、隠したいと思う不愉快な性質すべて、人間本性に備わる劣等で無価値な原始的側面、自分の中の「他者」、自分自身の暗い側面など」（A．サミュエルズ他『ユング心理学辞典』）です。

意識は層になっており、否定的な側面にも意識・無意識の様々な深さがあります。まずは、自覚しているけれど、できることなら観たくない自分の心理的弱点です。怒りっぽい、優柔不断、怠惰など、誰しも持っている側面ですが、認め難いところです。

次に、普段は無自覚な否定的な側面があります。例えば、嫌いな人の嫌いな特性は、自分の「影」の投影であると言われています。「あの人の権威主義的なところが嫌い」と嫌悪する場合、実は自分の中に、権威に固執する側面が潜んでいたりするものです。

更に、そのまた奥に、深く封印された否定的な側面があります。ユング心理学では、まさにこの領域を「影」と言います。荒行をしていると、特にこの層の「影」の出現にビックリすることがあります。野獣のように荒々しい自分、不安に慄（おのの）きうずくまっている自分等々です。

そのいずれの層の「影」とも向き合うことは難しいものです。しかし、そこを超えなければ、魂の成長は望めません。

ここで1つワークをご紹介しましょう。

【ワーク1】より深い「影」を懺悔すると、強い力が出ます。（次ページ写真参照）

また、否定的な側面ばかりが「影（黒い影）」と考えられやすいのですが、「聖なる想い」や「（慈）

〈ワーク1〉より深い「影」を懺悔すると強い力が出る

力任せに押し込む

自分の腕を両手で押さえている相手に対して、力任せに下に押し込もうとしても、相手はほとんど崩されない。

自分の情けないところを懺悔して押し込む

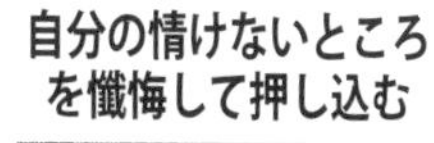

自分の情けないところを懺悔しながら下に押し込もうとすると、相手は少し下に押されたものの、まだ踏ん張ることができる。

嫌いな人の「あの部分」を懺悔して押し込む

嫌いな人の「あの部分」は自分の中にもあるということを受け止め、懺悔しながら相手を押し込むと、より強い力が働いて相手は下まで崩される。これは、より深い「影」にアクセスするほど気が下がり、上虚下実の状態ができていくためである。

地蔵菩薩の印

瞋（いか）りなどの煩悩が心の中で激しく動いている時に、「地蔵菩薩の印」を結ぶと、鎮まっていく効果がある。瞋りの感情が湧き上がると、横隔膜の上部、鳩尾のあたりがすごく強張ってしまうが、この印を結ぶことで、その部分の詰まりが取れ、リラックスがもたらされる。

愛」など、肯定的な側面も抑圧されていることがあります。この抑圧された肯定的側面を「白い影」と言います。

誰の心の中にも邪悪な心もあれば、聖なる心もあることを知り、多様な人格の存在を認め、素直に受け入れることが大切です。そして、その自覚の領域を広げていくことが修行です。自分の中の多様性を認めることが、他者の多様性を認め、社会の多様性を認めることにつながります。自分の中の弱者の存在を否定せず、慈しみの心で観ることが、他者や社会の中の弱い部分を否定せず、慈しみの心で観ることにつながると思います。

「影」を懺悔して剣を振る

「影」を懺悔して振る

自身の「影」を思い浮かべ懺悔しながら剣を振る。怒りを持った状態だと、手足や肩、鳩尾が強張っていって、居着いた体つきになるので、隙のある動きになる。それに対して、「影」を懺悔すると、身体が十全に機能するようになり、自然に剣が振れる状態になる。上掲写真から、かすかな違いを見分けて頂きたい。

怒りを持った状態で振る

怒りの感情を持って剣を振る。写真１を右列の普通に振る場合の写真１と比較すると、肩周辺に力みがあることが感じられる。

普通に振る

何も意識せず、剣（木刀）を振る。

3 十界修行と「秋の峰」

人の心の中には、多様な側面があります。その全部を見渡すための1つの視点が、十界です。十界とは、仏法の生命観の基本となるもので、迷いの六道と悟りの四聖からなります。六道とは、地獄、餓鬼、畜生、修羅、人間、天の6つの世界、四聖とは、声聞、縁覚、菩薩、仏の4つの世界です。自分の中に、餓鬼の心もあれば、畜生の心もあることを自覚し、懺悔するのが、十界修行です。懺悔は、人間の行と言われますが、十界それぞれが、十界を備えているのです（十界互具）。ですから、それぞれの世界に人間の行があり、それぞれの心を懺悔することで、悟りの道に向かいます。「地獄に仏」もいれば、菩薩の心であっても、いつ地獄に落ちるかもしれません。

羽黒派古修験道の山伏修行「秋の峰」では、山を胎内とみなし、秘所、拝所を巡り、十界修行で、新しい自分に生まれ変わること（擬死再生）を目指します。

厳しい抖擻行に身を投じることで、地獄の苦しみを味わいます。餓鬼の行では、1日2食の粗食と喉の渇きに耐えなければなりません。犬のようにガフガフと飯をかき込む自分の姿に、愕然としたものです。歯磨き、洗顔、入浴も禁止されるのが畜生の行。汚さも極まってくると、さすがに辛くなります。ですが、苔が生えるくらい、夢中に修行し、野生化することで、験力を得ることができるのです。

修羅の世界は、阿修羅が住む、争いが絶えない世界です。秋の峰では、「天狗相撲」で、猛者たちが本気でぶつかり合い、時には救急車騒ぎになるほどの修羅場が繰り広げられます。私も、絶対に負けてなるものかと、ギリギリと荒れ狂う自分を自覚しました。

人間界は、四苦八苦に悩まされる苦しみの多い世界ですが、一方で、懺悔し、煩悩を清め、仏性を開花させることができる世界でもあります。秋の峰の最後には、蜂子皇子が修行したと伝えられる、「阿久谷」の谷を駆ける大懺悔の行があります。阿久谷には、クンダリニー（根源的生命エネルギー）をシンボライズした軍荼利明王が祀られています。私は、二十度位を修めた年の最後に、その場所に立った時、脊柱管の中をクンダリニーが上がり、「今なら、あらゆる疑問に答えられる」と神がかったような境地に達したことがありました。懺悔の末の悟りの世界を垣間見た瞬間でした。

天は、歓喜の世界です。厳しい修行の末に、山の頂に佇み、「いつまでも、ここでこうしていたい」という幸福感に包まれるのが、天の世界です。しかし、その想いに固着すると、それもまた苦しみの始まりです。

声聞の行は、先達から、「秋の峰」の伝承や行事の意味を聞き、先輩や仲間の言葉に耳を傾ける行です。縁覚の行は、沈思黙考の行。大自然の中に身を置き、神仏と一体感を感じながら修行していると、ふと「悟り」に触れたような感覚を得ることがあります。また、大自然の織りなす荘厳な情景が目に飛び込んでくると、一瞬、我を忘れます。

菩薩の行は、上求菩提下化衆生（じょうぐぼだいげけしゅじょう）の世界です。羽黒派古修験道の開祖蜂子皇子は、「この身は北方に流れてきても、なお日本国のために尽くしたい」と修行したと言われています。秋の峰は、その足跡を辿る修行でもあり、山伏達は、「他を利するために悟りに向かい、この身を尽くす」との誓いを立てて修行を締めくくります。

仏の行とは、まさに悟りの境地、大自然の中での禅定は格別です。そして、荘厳なるサイコドラマのような修行の幕を閉じ、新しい自分に生まれ変わって、この世に戻ってくるのです。

4 懺悔の持つ力

本能的な欲に振り回されるのが、人間です。どこまで行っても、欲はついてくるものと肚を決めて、それを素直に認めるしかありません。その欲が叶ったら、社会にどう貢献できるかを考えればいいのです。自分の欲得のためだけではなく、その先に喜ぶ人の笑顔を思い描くことができれば、自己の奥深くに内在する潜在力が応援してくれます。

口では立派なことを言っていても、裏では無意識に欲望がうごめいていることが多いものです。表面の自己利益だけを求めていると、深層の普遍的な真心と魂が、そっぽを向きます。

武道に関わる者は、特に修羅、畜生、餓鬼の心に、気をつけなければならないと思います。中国、隋代の仏教書「摩訶止観（まかしかん）」には、人に勝（まさ）らんという心が高じると、修羅の世界に心が行くと記してあります。また大勢の子分を従えたいという権力欲に翻弄されると、畜生の世界に、そして四方に名を馳せたいという名誉欲に取り込まれると、餓鬼の世界に陥るとあります。

六道輪廻で迷っていると、身体は十全に機能しません。しかし、迷いや苦しみは、進化の種になります。その想いを素直に懺悔して昇華させると、身体が十全に機能します。例えば、自分の中の修羅の心を素直に認め、懺悔すると、肩の力が抜けて、気が下がり、上虚下実の状態になります。その状態で剣を振ると、自然に振ることができます（67ページ掲載写真参照）。

試合や演武等、あがりやすい場面で、力を発揮することができるようになるのです。

［ワーク2］最後に、心のあり様とエネルギーの流れを実感するワークをご紹介しましょう。
（次ページ写真参照）

〈ワーク2〉心のあり様とエネルギーの流れを実感する

心のあり様を変えることで身体の中のエネルギーの流れがどのように変化するかを実感するワーク。このワークを行う際のオーソドックスな姿勢は、足を肩幅に開き、腕を自然に下げて立つ姿勢だが、ここでは少しでも変化が分かるように立禅の姿勢で行っている。

瞋（いか）りを取り出し増幅させる

素直に懺悔する

「助けて下さい」と天に祈る

①六道の心（地獄、餓鬼、畜生、修羅など）のどれかを取り出し、その想いを増幅させてみる。ここでは瞋（いか）りを取り出している。この時、身体のどこに強張りやエネルギーの滞りが出るかを感じる。
②その想いを素直に懺悔し、エネルギーの流れを感じる。
③「助けてください」と天に祈り、エネルギーの流れを感じる。

修行を重ねることでエネルギーの流れを体感できるようになっていくと、②の時にはエネルギーが下方に、③の時には上方に流れることが感じられる。

六道の心のどれかを取り出して、増幅させてみて下さい。身体のどこかに強張りができ、エネルギーの滞りを感じると思います。次に、その想いを素直に懺悔してみて下さい。すると、気が下がり、エネルギーが下方に流れます。そして、助けて下さいと天に祈ると、エネルギーは上方に流れます。十分に上下のエネルギーが流れると、「陰極まれば陽となる」、上下のエネルギーが反転して、大地からのエネルギーと天からのエネルギーが下丹田で合わさります。

ここまでのエネルギーの流れを実感できるようになるには、かなりの修行が必要です。しかし自己の内面と真摯に向きあい、懺悔し、祈る。このことが身体に新しい気の流れを生み出す。その結果、身体機能が向上する。この摂理を是非とも実感して頂きたいと思います。

第4章

山伏装束と結びの文化

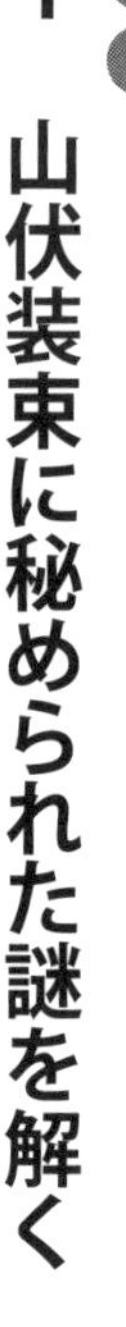

1 山伏装束に秘められた謎を解く

本章では、山伏装束の持つ意味とそこから発想した観想ワークをご紹介させて頂きます。

山伏は、山伏十六道具と称される16の道具を身につけます。装束を1つ1つ身につけていくことで、修験道の本尊である不動明王に変身していくと言われています。単に着物を着る、道具を持つというだけでなく、教義や思想を身に纏っていくのです。

それぞれの宗派によって、多少の違いがありますが、ここでは羽黒派古修験道、出羽三山神社の山伏装束を中心に解説していきます。山伏合宿「秋の峰」では、期間中、何度も何度も装束を脱いだり着たりします。初めの頃は、1つ1つの装束に大切な意味があると言われても、こじつけに思われ、いちいち脱ぎ着するのは面倒くさいと思っていました。それが、少しずつ行法の謎を解き、装束の持つ意味を実感できるようになってくると、ありがたいものと思えるようになってきました。そして、最近ではそこからヒントを得た、観想ワークを開発しています。

装束には、法具としての宗教的な意味と実用的な山道具としての意味の両方があります。以下に、私がその意味を実感できたもののいくつかをご紹介させて頂きます。

法螺貝を吹く。身に纏っているのは、市松模様の摺衣、頭には頭巾、腰に巻かれた貝の緒からは金剛鈴が提げられている。

◉法螺貝

勤行や山を歩く時に吹く法具です。煩悩を滅して、悟りに導くためのものです。天界と交信する、魔を祓う、正しい教えを多くの人に伝えるために吹きます。実用的な意味では、合図のために使われます。法螺貝の音は、峰を越え、谷を越え、かなり遠くまで響き渡ります。狼の鳴き声に似ていることから、野獣から身を守る効用もあります。

深い響きを持っており、身体のエネルギーを変容させます。ワークショップで、参加者の皆さんに、背中で法螺貝の音を感じてもらうと、前屈がしやすくなります。「山伏マジック？」と、皆さん、不思議そうな顔をされますが、私は、法螺貝の響きが、骨に共鳴して、骨格バランスが整うためだと考えています。

◉金剛鈴（こんごうれい）

密教では、音が、重要な意味を持っています。これは、十六道具には含まれていませんが、五鈷（ごこ）・三鈷（さんこ）・独鈷（どっこ）などの形をした柄に鈴がついた金剛鈴という法具があります。密教修法中、この金剛鈴を振り鳴らすと、その美しい音色が諸尊の注意を喚起し、歓喜させ、眠れる仏心を呼び覚ますと言われています。また、修行者を励ます意味もあると思います。

私は、師匠から、「この鈴を振り鳴らせば、いつでもどこでも、天からあなた達を見守っている」との遺言を受け、滝行の時は、いつも金剛鈴を振り鳴らしています。

鈴の音の余韻に乗せて、意識を遠くに伸ばしていくと、「遠山の目付け」と同じ効果を得られます。全体を俯瞰するような視点が得られると同時に、目が弛み、肩の力が抜け、下肚が充実して、身体が十全に機能します。更に、どんどん遠く広く意識を伸ばしていくと、深い瞑想状態に入っていきます。澄んだ音色とかすかな余韻が、時空を超えた世界に誘ってくれるのです。

紙面では、音をお伝えできないのが残念ですが、法具に限らず音に耳を澄ますことで、ある程度

音による身体への効果

アフター

金剛鈴の残響を聞きながら

金剛鈴を鳴らし、残響を聞きながら腕を上げると、押し上げやすくなる。これは、微かな音を聞くことで意識が遠くまでいきわたるようになり、身体が統一的になるため。

音なしで

手を上から押さえられている状態で、腕を押し上げようとしても、なかなか上げることができない。

の効果が得られます。身近な音、例えば自然の音など、何でもいいですから、遠い音に耳を澄ませてみて下さい。意識が一定になり、心が落ち着いていくことと思います。

◉市松模様の摺衣(すりごろも)

市松模様は、羽黒山伏独特のもので、胎児が母胎内で見ている模様とも言われています。山では、テントやシェルター代わりになります。私は、帆掛け舟のように袖を広げて、風を受けながら山を駆ける爽快感がたまらなく好きです。昔は、柿渋で防水されていました。

私は、当初、派手な模様の摺衣に抵抗があったのですが、まさにその派手さに意味があったのです。山伏が、山から下りて、人々に話を聞いてもらうには、ビックリさせて人目を惹く必要があります。そのビックリさせるためのツールの1つが、この衣装なのです。

最近、更に市松模様の持つ意味に気づきました。山伏装束を紹介する機会が増え、以前より真剣に、装束の謎を解こうと思って様々な道具に向き合っている内に、突然、市松模様が立体的に浮き上がって見えてきたのです。縦横真っ直ぐの正方形の模様に、奥行きをプラスした立方体をイメージすると、身体がきちんと整います。正中面、冠状面、横断面が、歪まず、身体の中に規矩(かね)ができる感覚を得られることと思います。

不動明王の盤石の台座は、まさにその象徴だと思われます（上掲イラスト参照）。

ここで、その効果を実感するためのワークを1つご紹介しましょう。

京都の醍醐寺 三宝院の不動明王坐像（快慶作）。その台座は四角が縦横に並ぶ形をしている。

【ワーク1】身体の中に、市松模様をイメージすると、効率的に身体が使える。

（次ページ写真参照）

◉頭巾（ときん）

大日如来の五智の「宝冠」を表すと言われています。マナスチャクラからの邪気の侵入を防ぎ、肉体的な急所を保護する意味もあります。昔、藍染めの麻布の頭巾を使っていた頃は、水中の微生物を殺生しないため、自身

〈ワーク1〉市松模様をイメージして身体を使うと…

普通の状態で引っ張る

自分の手を両腕で掴んでいる相手を引っ張ろうとしても、筋力で勝らないと、なかなか引っ張り込めない。

市松模様の摺衣を纏って引っ張る

市松模様の摺衣を纏って引っ張ると相手を引っ張り込むことができる。

市松模様をイメージして引っ張る

実際に纏っていなくても、市松模様をイメージして引っ張ることで、同じように引っ張り込むことができている。これは、自分の身体の中にサイコロ状のものがあり、その接触面が歪まないように動くイメージである。それにより、力みの偏りがとれ、身体が十全に機能するからだと考えられる。慣れてくると、実際に纏うより、市松模様をイメージしたときの方が、自由自在に身体を使いこなせるようになる。

が病気にならないために、これで水をろ過して飲んでいたと伝えられています。
頭巾をつけると、全体を俯瞰するような意識になりやすく、これもまた「遠山の目付」のイメージになります。
長頭巾と言われる、さらしのような白い長い布を、宝冠のように被る形のものもあります。出羽三山の湯殿山系の行人山伏が、湯殿山参りをする時には、この長頭巾（行人被り）をするのが特徴的だと伝えられています。

◉結袈裟（ゆいげさ）

結袈裟は、宗派によって特徴があります。羽黒派古修験道、出羽三山神社の装束では、太襷（ふとだすき）と言われる神道系のものが使われます。本山派の結袈裟は、梵天の房がついたもので、歌舞伎の勧進帳の山伏が付けているのはこの形です。当山派の結袈裟は、摩紫金袈裟（ましこげさ）といわれるもので、峰中で修行しやすいように、九条袈裟を折りたたんで首にかけるようにしたものです。

結袈裟は、不動袈裟とも言われ、不動明王を示します。その源は注連（しめ）に端を発しており、麻紐や紙縒（こよ）りで作ったものがあります。出羽三山では、湯殿山注連寺（ちゅうれんじ）がその伝統を色濃く残しており、様々な七五三縄（しめなわ）を有しています。私も、伝統の先達用七五三縄の再現を特別にお願いして、作って頂き

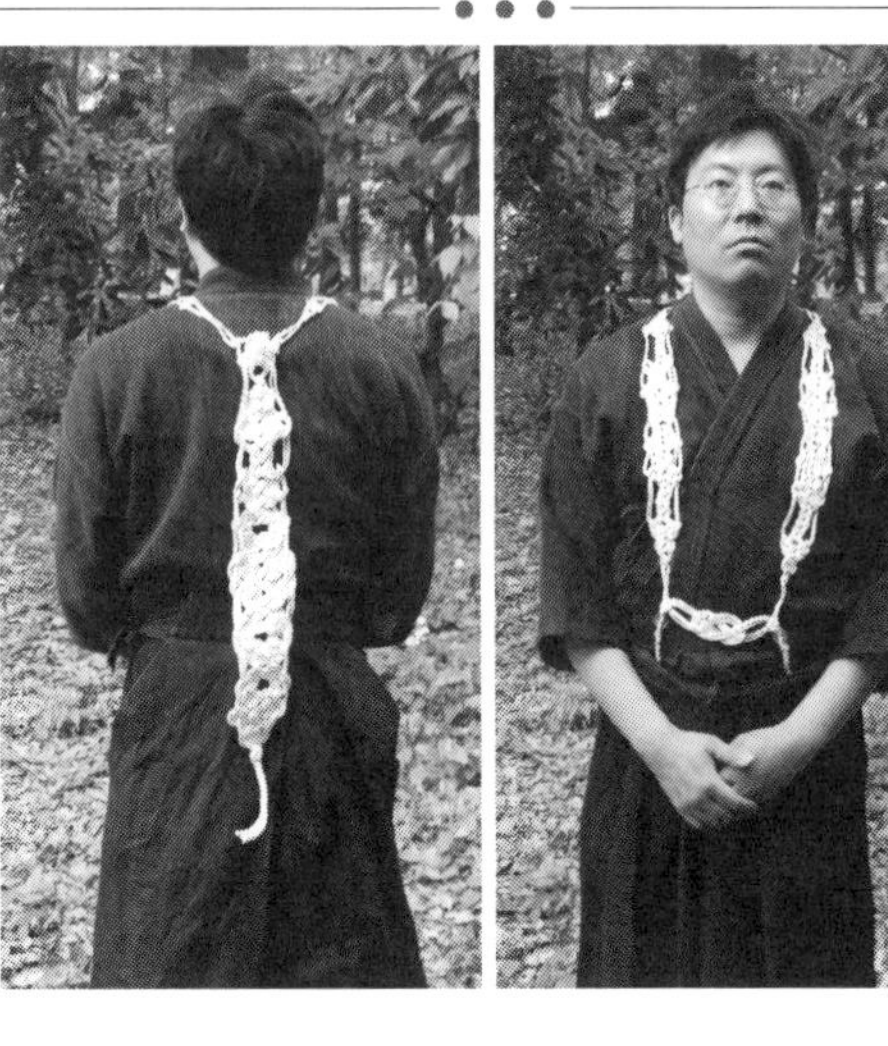

伝統の形を再現して作ってもらった七五三縄。

ました（上掲写真参照）。

◉貝の緒（かいのお）

貝の緒は、母の母胎とつながる臍の緒とされていますが、仏様につながっているとも言われています。また、普段は編んで腰に巻いていますが、山岳修行の際、岩を登る時や危難の時、解いてザイル、ロープとして使います。

［ワーク2］ 結袈裟が身体に及ぼす影響と貝の緒との関係。

（次ページ写真参照）

◉宝剣

宝剣は、「智恵の宝剣」と言われ、不動明王と一体

〔ワーク2〕結袈裟と貝の緒を身につけると…

両手首を握られて押さえられている状態で、普通に腕を持ち上げようとしても、筋力で勝らないと持ち上げることができない。（右掲写真）
太襷と貝の緒を身につけたり（右下掲写真）、結袈裟と貝の緒を身につけた上で行うと（左下掲写真）、腕を持ち上げることができる。これは、ヒモで身体を結ぶことで、身体が整い、身体全体の力が連動する効果が生まれるからである。

普通の状態

結袈裟と貝の緒を身につけて

太襷と貝の緒を身につけて

となり、煩悩を断ち切り、真理に目覚めていくための法具です。災いを断ち切る意味もあります。柴燈護摩（さいとうごま）の時などに用いられる儀式用のものと、山で使う実用的な片刃の剣もあります。

不動明王のごとく、右手に宝剣を持つ、特に非常に鋭い刃の宝剣を持つイメージをすると、身体がシュッと整います。身も心も研ぎ澄まされていく感覚です。イメージの持つ力を実感してみて下さい。

最後に、道具を大切にすることの大切さを実感して頂くワークをご紹介しましょう。武道では、「道具を大切にするように」との教えがよく言われます。道具をまたぐことなどもっての外、相手に渡す時は両手を添えて大切に扱います。これは、相手への敬意もありますが、道具へのリスペクトでもあります。

昔の剣豪は、非常に大切に剣の手入れをしていたと言われています。野球のイチロー選手も、バットを大切に扱うことで有名です。剣道でも、竹刀の手入れはとても大切で、打突効果を上げるため、また、ささくれた竹刀で相手を傷つけることがないよう、お互いの身の安全のためにも、竹刀の手入れは入念に行わなければなりません。

しかし、ともすると観念論になりがちで、「ねばならない」から手入れするといった、おざなり

〔ワーク3〕道具を大切に使う意識を持つと…

竹刀で打ち込む際、普通に打つのと、力任せに打つのと、道具（竹刀）を大切に思って打つ（下掲写真1～2）のとでの違いを感じてみる。道具を大切に思って打つのが一番体重が乗って打ち込める。それは「道具を大切に使う」という意識によって、全身が連動するためである。

な行為になりがちです。そうならないためには、道具を大切にすることの意味を実感することが必要です。

〔ワーク3〕道具を大切にすると、力が有効に使える。（上掲写真参照）

1 日本古来の結びの文化

昨今、小関勲先生のヒモトレが話題になっています。武道界、スポーツ界でも、ヒモトレを取り入れていらっしゃる方も多いと思います。私も、小関先生とお会いする機会を得て、様々なヒモトレの技を体験させて頂きました。それが、山伏装束の意味を見直すきっかけとなりました。

山伏装束には、「ヒモ」に限らず、様々に結ぶ道具があります。これまで当たり前に使っていた道具の1つ1つを見直すと、そこには、深い意味があることに気づき、実感することができるようになりました。そこには、武道、スポーツ、日常生活に応用できるヒントもたくさん隠されています。本章では、それらの秘訣とその意味を実感して頂くための手掛かりになると思われるワークをご紹介させて頂きました。

また、山伏装束に限らず、日本には伝統的に結びの文化があります。褌（ふんどし）、襷（たすき）、鉢巻きなど、身体を有効に使うためのツールであり、気力を充実させるためのツールとなる「結ぶ」ものがあります。そして、ここでは詳細を述べることはしませんが、そもそも襷や鉢巻きは、古代の神事の装飾品でした。このように、昔から、宗教性、実用性の両方を兼ね備えたものとして、経験的に結びの文化が育まれてきたことを思うと、改めて先人の智恵に敬服せざるを得ません。

第5章

心法と気の流れ

1 「心法」とは心の使い方

本章では、心法としての「心の体操」についてご紹介させて頂きます。心法とは、心の使い方です。武術の世界では、伝書によって、数多くの心の使い方が伝えられてきました。例えば、幕末の剣術家、島田虎之助（直心影流島田派）の言によれば、「心正しからざれば剣また正しからず。すべからく剣を学ばんと欲する者は、まず心から学ぶべし」です。

私は、高校時代、様々な経験を経て、剣道における心のあり様の大切さを実感するようになりました。そのため、防具の垂れの中に、「謙虚」「気合い」「リズムの感じ」などの心得を書いた「チェックリスト」を忍ばせ、心を整えてから試合に臨んでいました。大学で、スポーツ心理学を専攻したのも、その延長線上にありました。

初めは、勝つための心の使い方を研究していました。どんなに日々稽古を積んでも、試合で心が乱れて、その実力を発揮できなくては、元も子もありません。技の稽古と同時に、心の修錬が必要だと考えたのです。しかし、やがて単に試合に勝つための心の修錬だけでなく、広く人間形成につながる心の修錬の必要性を強く感じるようになりました。そして、東洋的修行の道に身を投じる

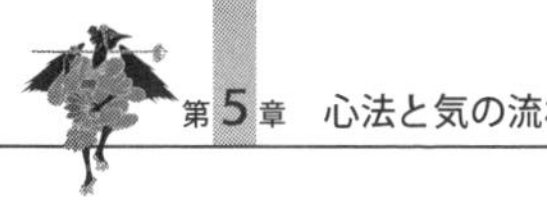

山形県の湯殿山仙人沢で、御沢駆け。この沢を登った先に滝があり、そこで滝行を行う。

こととなったのです。湯浅泰雄先生（哲学者　1925〜2005）は、『身体論』（講談社学術文庫）の中で、「修行とは、身体の訓練を通じて精神の訓練と人格の向上を目指す実践的な企てである」「東洋では、人格の訓練を伴わない単なる肉体的わざの訓練は邪道とみなされた」と書いていらっしゃいます。私は、その教えを実践したいと志し、まさに修行に励んでいます。

しかし、現代の武道界では、あまり心法は重要視されていないように思われます。なぜでしょう。心の問題は、とらえどころがなく、扱いにくいものです。「ご説ごもっとも」、でも現実には「はるか彼方のお題目」ということが、多いのではないでしょうか。

心の体操

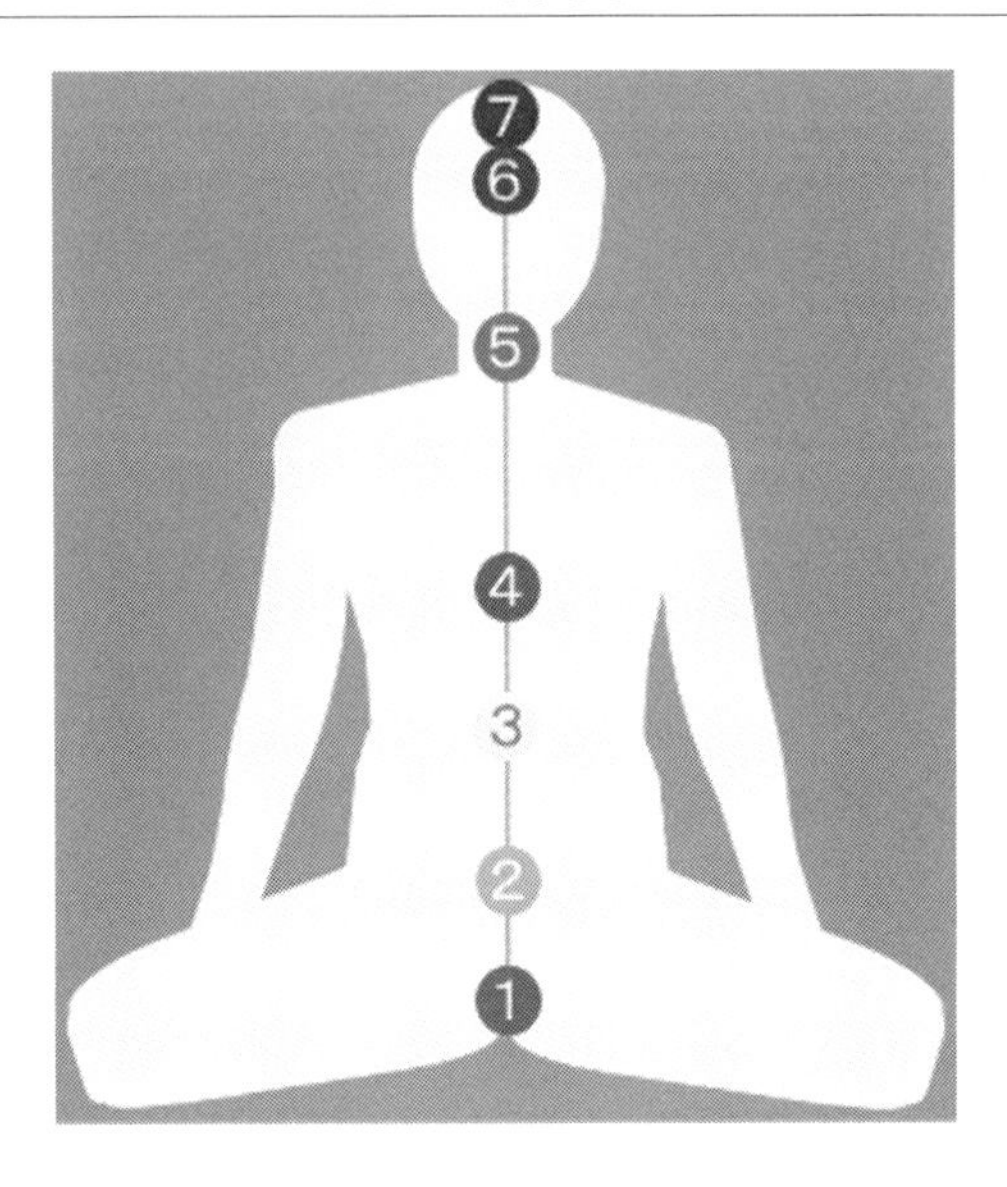

(スシュムナ管)	晴明	清々しい
7. サハスラーラ・チャクラ	全託	お願いします・お任せします
6. アジナ・チャクラ(上丹田)	智恵	全体を広く観る・よく観る
5. ヴィシュダ・チャクラ	無執着	手放す・自由になる
4. アナハタ・チャクラ(中丹田)	愛/慈悲	愛してます
3. マニプラ・チャクラ2 マニプラ・チャクラ1	惻隠 感謝	かわいそう ありがとうございます
2. スワディスターナ・チャクラ (下丹田)	気力 許しを乞う	精一杯やる 許してください
1. ムーラダーラ・チャクラ	懺悔	すみません

(長谷川 2016)

2 心と身体の関係を実感する身心技法「心の体操」

そこで、何とか、心法を身近なものとして取り組んでもらえないものかと思い、開発したのが「心の体操」です（前ページの表をご参照下さい）。

「心の体操」とは、心と身体の関係を実感するための身心技法です。ヨーガのチャクラ理論に則ってまとめてあります。「なぜ、ヨーガ？」と思われるかもしれませんが、修験道はヨーガの日本的展開と言われています。修験者＝瑜伽者（ゆがしゃ）です。熊野の那智の滝を開いた裸行上人は、インドのバラモンだったと伝えられています。

私は、湯浅泰雄先生とのご縁で、クンダリニーヨーガの修行を始めました。そして、その修行の一環として修験道に関わるようになったのです。クンダリニーヨーガとは、尾骨に眠る根源的生命エネルギーが、悟りに伴い上昇し、各チャクラが開き、超能力が発現するというものです。修行によって験力（げんりき）を得て、衆生救済のために東奔西走する修験道と共通するところが多いと考えられます。羽黒山の開祖蜂子皇子（はちこのおうじ）が、修行したと伝えられている阿久谷（あくや）には、軍荼利明王（ぐんだりみょうおう）が祀られています。

チャクラとは、ヨーガの霊的エネルギーの中枢です。チャクラは、7つあり、それぞれに対応する心境があります。チャクラが覚醒していくと、神人合一に近づきます。

身体の体操で、身体のバランスをとるように、心も体操させてみて下さい。いろいろな心を使ってみると、得意・不得意が見えてきます。普段の心の使い方のクセが、わかります。意識的にいろいろな心を取り出す練習をすると、徐々に、いろいろな心を取り出しやすくなってきます。日本人が大切にしている徳目だと思って、「さわやか」「すみません」「ありがとう」「かわいそうに」「愛しています」「捨てます」「観ます」「任せます」と、唱えてみて下さい。それだけでも、エネルギーのバランスがとれてきます。

この「心の体操」は、これまでも部分的にご紹介してきましたが、本章は、特に気のエネルギーの流れと、それを促進する印(いん)に注目して、解説させて頂きます。

心のあり様によって、身体が変わるのは、気のエネルギーが動くからです。気のエネルギーの定義は諸説あり、一言で言うのは難しいですが、さしあたり、ここでは武術や気功で感じられ、考えられている「気」をさして表現します。心と身体は、気のエネルギーでつながっています。媒介役の気のエネルギーに注目すると、興味深いことがわかります。懺悔すると、身体が安定するのは、気のエネルギーが下がるからです。印を結ぶことによっても、気のエネルギーが下がります。すると、懺悔がしやすくなります。印を結ぶと、その心が出てくる訳ではありません。印を結ぶことで、

その心が出しやすくなるとお考え下さい。

3 「心の体操」の実修（個人的な意識の領域）

では、これから、具体的に各チャクラに対応する心の使い方を実修してみて下さい。チャクラと心境の関係は、伝統的に言われていますが、その中でも私が実感しているものを取り上げています。印に関しましても私なりの解釈でご紹介させて頂きます。

◎晴明心を立ち上げる（スシュムナ管）

精一杯の清々しい気持ちを立ち上げると、自然に背骨がシュッとして、気のエネルギーが満ちてきます。これは、チャクラとの対応ではありませんが、スシュムナ管（※注）の通りを良くし、滞りのない状態にしておくことが大切です。心と身体が、スッキリさわやかな状態にあれば、良い稽古ができますし、物の考え方もクリアになります。

心を立ち上げるだけでも、十分効果がありますが、身体を伴わせると、より一層さわやかさの度合いが増します。授業で、学生にさわやかさの度合いを数値化してもらうと、「60％が70～80％になっ

懺悔の印（叉手）

※矢印はエネルギーの流れ。

た」などと報告してくれます。当然、身体にも良い影響を及ぼし、自然に姿勢が整い、身体の安定度も増します。

※注：背骨の中心管に対応する、生命エネルギーの通路。

◎懺悔する（ムーラダーラ・チャクラ）

自分の負い目や情けない所を素直に認め、懺悔すると、肩の無駄な力が抜けて、自然に気が下がります。しっかり、大地にグランディングすることができます。

エネルギーの流れを促進する印は、叉手（さしゅ）（上掲写真）です。

◎懺悔の後のさわやかさ

自分の負い目や情けない所を懺悔してから、も

〈ワーク1〉心と身体の使い方による変化

1　普通の状態

普通の状態で、後ろから軽く押されると、一歩前によろける程度、体勢が崩される。

2　さわやかと思う

心で「さわやか」と思ってから、同じように後ろから押されても、安定感があり崩されない。

3　身体を手伝わせて…

4　深く懺悔した後で…

さらに、両手の指を組んで頭の上で腕を伸ばして、「さわやか」と思う（写真上段1）、目を閉じて手を叉手の形にして、潔く懺悔して、「さわやか」と思う（写真下段1）。その上で同じように後ろから押された時（上下写真各2）の安定感を体感して比較してみてほしい。なお、今回の体験者は、「潔く懺悔した時のさわやかさが最も深いように感じた」と言い、一番安定感もあったという。

う一度、さわやかと思ってみると、より一層、クリアなさわやかさを味わうことができると思います。単純に上向きのさわやかさから、地に足がついたさわやかさに、質的な変化を感じられることでしょう。羽黒派古修験道の唱え言葉、三語拝辞の最初の句が、「諸々の罪穢れ祓い禊ぎて清々し」です。

【ワーク1】ここで、心と身体の使い方による、心と身体の変化を身体の安定度を測るワークで、確認してみて下さい。

（前ページ写真参照）

◎気力を出す（スワディスターナ・チャクラ）

潔く懺悔した後、「こんな私ですが精一杯やります」と、健気に全力を尽くすと、肩の無駄な力が抜けて、気のエネルギーが下がり、それが下丹田に集中してきます。すると、肚から力が湧いてくるのです。この時、下丹田を小さくピンポイントで意識するのが、コツです。下丹田の充実感を感じるのが、まず第一歩。次に、下丹田の意識を小さく小さくしていくことで、その充実感をもなくすことが極意です。

エネルギーの流れを促進する印は、法界定印（ほっかいじょういん）（次ページ写真）です。

※矢印はエネルギーの流れ。

◎感謝する（マニプラ・チャクラ1）

心から感謝できることをたくさん思い浮かべ、「ありがとうございます」と唱えると、胃経にエネルギーが流れ、身体の中心から力が湧いてきます。しゃがみ立ちが楽になったり、人をおんぶしやすくなったりします。また、食べ物の消化もよくなります。

エネルギーの流れを促進する印は、感謝の印（上掲写真）です。

【ワーク2】 感謝の心で、身体の中心から力が湧いてくることを実感してみて下さい。

（次ページ写真参照）

◎惻隠の情（マニプラ・チャクラ2）

〈ワーク2〉感謝の心で身体の中心から力が湧いてくる

ビフォー

普通の状態で、人を背負って歩く。

感謝の印を組んで、心の中で心底感謝できることを思い出す。（今回のワークでは、より思い出しやすくなるということで、右掲写真のように、しゃがんで感謝の印を結ぶ。）

アフター

〝感謝〟の後で人を背負って歩くと、普通の状態で歩くのに比べて安定感があり、本人も「楽に歩くことができた」という。これは、感謝の心を持つことで、気が下がり、下丹田から下半身にかけての安定度が増したため。

惻隠の印

※矢印はエネルギーの流れ。

溺れている幼子を哀れむような気持ちで、「かわいそうに」と思うと、火事場の馬鹿力的に強い力が出ます。また、肝経・胆経にエネルギーが流れ、股関節の動きがよくなります。

エネルギーの流れを促進する印は、惻隠（そくいん）の印（上掲写真）です。

【ワーク3】 惻隠の情が引き出す力を実感してみて下さい。（次ページ写真参照）

「惻隠は仁の端なり」（孟子）と言います。不幸にあった人をかわいそうにと思い、同情する心は、儒教の最高の徳とされる「仁」の始まりであるという意味です。私は、この惻隠の情を衆生救済のエネルギーの源泉としています。目

〔ワーク3〕惻隠の情が引き出す力を実感する

ビフォー

しゃがんで踏ん張る相手を片腕で引っ張り上げようとしても、よほど筋力に勝らなければ、引っ張り上げられない。

アフター

「かわいそうに」という気持ち（惻隠の情）を持って行うと、引っ張りあげることができる。宝生如来の印を組んでから、この動作を行うと、胸部が開放され、惻隠の情を持ちやすくなるとともに、ムダな力みが消え、引き上げる力が増す。

惻隠の印
（宝生如来の印）

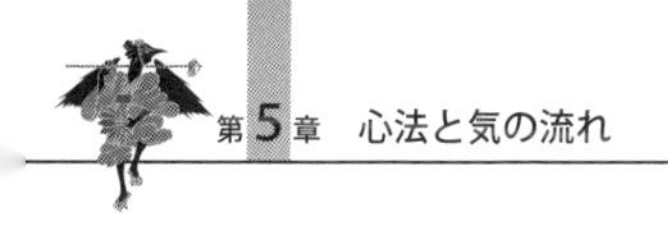

の前に困った人がいると、何とかしてあげたいと思い、智恵と元気が湧いてくるのです。

また、修験道のご本尊、蔵王権現（ざおうごんげん）は、憤怒の形相をしています。それは、人々を威嚇するためのものではなく、悪魔を降伏させ、悪を粉砕するための姿です。怒りに満ちた姿とは裏腹に、心の中は菩薩のような慈悲に満ちた心に満たされていると言われています。「恕（じょ）」という、一切を許す心で人々を導いていらっしゃるのです。私は、日本人の心の中には、義憤にかられた「怒」を「恕」へと、怒りを思いやりの心に転化するメンタリティーが、流れているのではないかと考えています。

4　人類愛的領域とそれを超える聖なる領域について

「心の体操」とは、心と身体の関係を実感してもらうための身心技法です。心のあり様によって、気のエネルギーの流れが変わり、身体の動きが変わることを各種ワークを使って実感して頂くものです。私が長年修行してきたクンダリニーヨーガのチャクラ理論に則って、まとめてあります。

前項までででご紹介したのは、「心の体操」（前半）として、個人的な意識の領域である、懺悔（ムーラダーラ・チャクラ）、気力（スワディスターナ・チャクラ）、感謝（マニプラ・チャクラ1）、惻隠（マニプラ・チャクラ2）と、全ての前提となる晴明心（スシュムナ管）でした。

心の体操

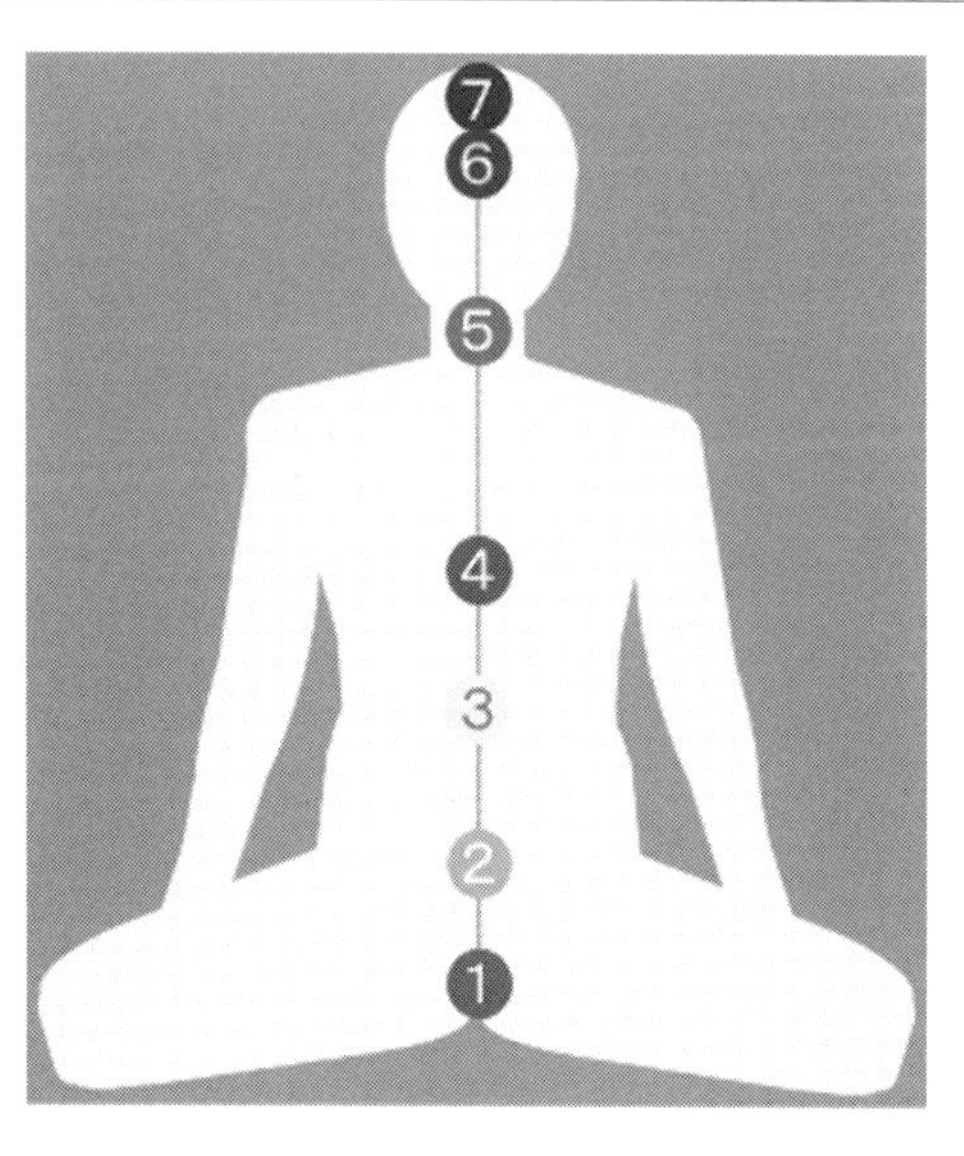

チャクラ名	心境	関係する経絡・経脈	関係する経穴
(スシュムナ管)	清明		
7.サハスラーラ・チャクラ	全託	督脈・任脈	百会
6.アジナ・チャクラ(上丹田)	智恵	膀胱経、小腸経	額中
5.ヴィシュダ・チャクラ	無執着	肺経、心包経	上天突
4.アナハタ・チャクラ(中丹田)	愛/慈悲	心経、心包経、小腸経	膻中
3.マニプラ・チャクラ2 マニプラ・チャクラ1	惻隠 感謝	肝経、胆経 胃経、脾経、大腸経、小腸経	中院
2.スワディスターナ・チャクラ(下丹田)	気力 許しを乞う	腎経、膀胱経 小腸経、肝経	関元
1.ムーラダーラ・チャクラ	懺悔	腎経、膀胱経	会陰

(『Psi と気の関係』本山博著を参考に作表。長谷川 2021)

筑波大学での「東洋的心身鍛錬法」の授業風景。

ここからは、「心の体操」後半、人類愛的な領域から、それをも超える聖なる領域についてご紹介させて頂きます。

5 「心の体操」の実修（人類愛的領域・それを超える聖なる領域）

◎慈悲・慈愛の心を出す（アナハタ・チャクラ）

慈悲、慈愛、博愛、楽天的でおおらかな心を出すと、身体が有効に機能します。まずは**【ワーク4】**で、そのことを実感してみて下さい（次ページ写真参照）。

〔ワーク4〕慈悲・慈愛の心を出すと…

両手の平を合わせた状態で手首を握られて押さえ込まれているところから、手の平を開こうとしても、相手の力とぶつかり、なかなか開き切ることはできない。

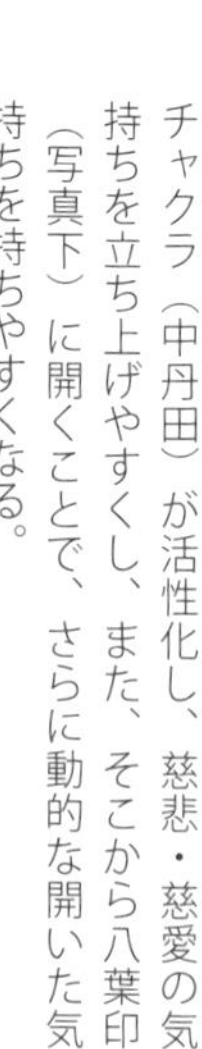

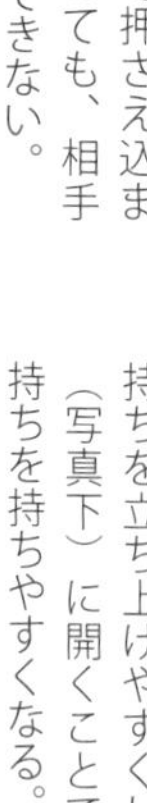

ビフォー

聖観音の印から八葉印

聖観音の印（写真上）を結ぶことで、アナハタ・チャクラ（中丹田）が活性化し、慈悲・慈愛の気持ちを立ち上げやすくし、また、そこから八葉印（写真下）に開くことで、さらに動的な開いた気持ちを持ちやすくなる。

アフター

これらの印を結び、慈悲、慈愛、博愛、楽天的でおおらかな心をつくった上で、同じように両手の平を広げると、無駄な力みが消え、相手の力とぶつからずに、大きく腕を開くことができる。

攻撃的な気持ちで相手に対すると、肩に力が入り、自分の中でも力がぶつかってしまいます。局所に負担がかかり、エネルギーの流れに滞りができ、力が有効に伝わりません。それが、慈悲の心をもって力を出すと、すんなり力が通ります。胸の奥がフワッと広がるような感覚になり、大きく自由に身体が動きます。その感覚は、「胸が締め付けられる思い」「希望に胸を膨らませる」など、からだ言葉によく表現されています。

合気道では、暴力的な力ではなく「愛の力」を和して使うことが大切だと言われます。柔道では、「柔よく剛を制す」と、強引で力ずくの身体の使い方ではなく、理にかなった柔和な技の必要性が説かれています。しかし、実戦的な勝負の場面になると、なかなかそうはいかず、つい肩に力が入り、強引な力の出し方になってしまいます。いくら身体を操作しても、肩の力は抜けません。そういう時は、心も手伝わせると有効です。

そして、慈悲の心を出しやすくする印は、聖観音（しょうかんのん）の印から八葉印です。

◎無執着になる（ヴィシュダ・チャクラ）

修験道は、捨身行です。「身を捨ててこそ、浮かぶ瀬もあれ」、身を犠牲にする覚悟で当たってこそ、窮地を脱し、物事を成就することができるのです。

虚空蔵菩薩の印

天からのエネルギーと大地からのエネルギーが喉で合わさる。

※矢印はエネルギーの流れ。

何かを握りしめる時、まさに手をギュッと握り、身体を丸めて縮こまった状態になります。それでは、身体は十全に機能しません。握りしめているものを手放すのは怖いものです。しかし、思い切って手放してみると、胸元が開き、肩の力が抜け、スッと気が下がり、肚に気持ちが納まる感じを得られることでしょう。心と身体が解放されて自由になる快感を、頭ではなく身体で納得できると、少しずつ結果に拘泥する心を捨てられるようになるものです。

無執着の心を出しやすくする印は、虚空蔵菩薩（こくうぞうぼさつ）の印（上掲写真）です。

【ワーク5】 無執着の心が、心と身体を解放して、身体が十全に機能することを実感してみて下さ

〈ワーク5〉 無執着の心で、心と身体を開放する

ビフォー

両手首を上から押さえ込まれた状態で持ち上げようとしても、よほど筋力に勝らないと持ち上げることはできない。

アフター

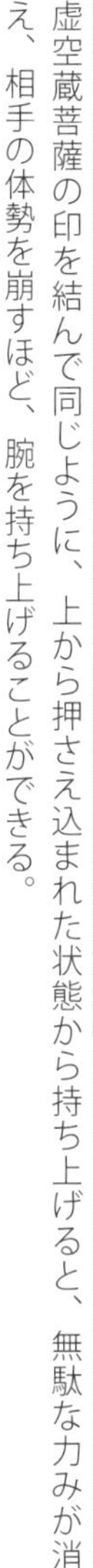

虚空蔵菩薩の印を結んで同じように、上から押さえ込まれた状態から持ち上げると、無駄な力みが消え、相手の体勢を崩すほど、腕を持ち上げることができる。

虚空蔵菩薩の印

虚空蔵菩薩の印を結ぶことで、喉、首のあたりにエネルギーが集まってきて、ヴィシュダ・チャクラが開きやすくなり、勝つ負けるといった結果に囚われず、ただ無心で全力でやるという心境になりやすくなる。

い。（前ページ写真参照）

蔵王権現

◎**智恵を出す（アジナ・チャクラ）**

修験道の本尊である蔵王権現の第3の眼（上掲イラスト）をイメージして、眉間を開くように、全体を遠く広く観て下さい。剣道に、「遠山の目付」という教えがあります。相手と対戦する時に、遠く山並みを見るように全体を観ると、相手の動きがよく観える（入力系の変化）というものです。

これに対し、私は、全体を観ることで出力系にも効果があると考えます。全体を遠く広く観ると、目が弛み、首から肩の力が抜け、力みが取れます。そして、気が下がり、下丹田が充実し、より強い力を出すことができるようになります。下丹田を中心とした、調和した動きにもつながります。

天からのエネルギーと大地からのエネルギーが眉間で合わさる。

※矢印はエネルギーの流れ。

文殊菩薩の印

次に、自分から離れた自分が、自分と相手を含めた全体を観るように、全体を俯瞰する眼を持つと、客観的に状況が判断できるようになります。そして、課題解決のための智恵が湧いてきます。直観的な智恵の湧出です。その智恵に任せて身体を使うと、身体が十全に機能します。

文殊菩薩の印が、智恵の湧出を助けます（上掲写真）。

◎全託する（サハスラーラ・チャクラ）

心形刀流の「常静子剣談」（松浦静山著）の中に、「神仏にまかせて打ちおろす一刀」という一節があります。一瞬の判断を誤らないためには、自分の判断など捨て、無心の状態で神仏に任せた境地で打てという教えです。信じる対象は、武

智拳印

大地から頭頂を通り天へ。

※矢印はエネルギーの流れ。

神である摩利支天、各自が信仰する神仏、人智を超えた大いなるものなど、何でも構いません。利己的な自己を超え、聖なるものを信じて任せろということです。

「自分」にできることなど、たかが知れています。自分で自分を縛っている呪縛を解き、天に任せる境地を目指してみましょう。そうすれば、自己に内在する思わぬ潜在力が引き出されることになると思います。

全託、神人合一に近づくための印は、智拳印です（上掲写真）。

智拳印は、以前、智恵の印としてご紹介しましたが、私の実感としては、左手の人差し指の先に、右手の親指と人指し指を合わせるように

〔ワーク6〕天に任せる感覚を持って行うと…

天に任せる感覚でジャンプする

（写真１～２）自分を上空から見ているイメージを持ってジャンプすると、普通にジャンプするのに比べて浮く感じが増し、滞空時間が少し長くなる。

（写真３～４）続けて、天に任せる感覚を持って、自分自身の幽体が上空に突入していくイメージでジャンプすると、浮きがさらにかかるようになり、より高くジャンプできる。

ビフォー

相手の指先を自身の指先に乗せてもらい、下から相手の手の甲を叩こう（掴もう）としても、動きを察知した時点で相手の方が素早く反応して避けてしまう。

アフター

上空に意識を任せるイメージを持って、智拳印（前ページ写真）の印を結んでから同じ動きを行うと、浮きがかかり、動作の起こりが見えにくい動きとなり、相手は反応できない。

組むと智恵の印となり、右手をスッと引き上げるように組むと、サハスラーラに抜けていく全託の印となります。気配が消え、浮きがかかります。

【ワーク6】そう簡単に「神仏に任せる」とはいきません。しかし、たかがジャンプといえども、フッと天に任せる感覚を覚えると、思いのほか高く跳べることを実感してみて下さい。すると、「神仏に任せて打つ」という極意も、少し身近なものに感じられるようになると思います。

(前ページ写真参照)

6 日常での実践

俳優の高倉健さん(1931~2014)は、天台宗大阿闍梨、比叡山延暦寺の千日回峰行を2度も満願した酒井雄哉師(1926~2013)の指導の下、滝行をしていたといいます。健さんの台詞ベスト3は、「すみません」「お願いします」「ありがとう」だったそうです。

大峯千日回峰行者、塩沼亮潤(りょうじゅん)師の「歩行禅」の3ステップは、

○懺悔の行:歩きながら「ごめんなさい」を唱える

○感謝の行：歩きながら「ありがとう」を唱える
○坐禅の行：瞑想して、今の自分と向き合う

とのことです。

そして、「心の体操」は、「さわやか」「すみません」「精一杯やります」「ありがとう」「愛してます」「捨てます」「観ます」「任せます」と唱えながら、背骨を通し、心を浄めます。

いずれも厳しい修行の先に、非常にシンプルな境地に辿り着いています。普遍的な徳目から成りながら、誰もができる取り組みやすい修行です。いつでもどこでも、ふとした時間をみつけて、心を浄めると共に、エネルギーを充実させてみて下さい。結果、武道で大切な下丹田、中丹田、上丹田の3つの丹田を鍛えることにつながると考えます。

第6章

山伏整体と整体体操

1　山伏整体とは

修験道の目指すところは、「上求菩提下化衆生」です。悟りを目指して修行し、その修行で得た験力をもって、衆生救済のため東奔西走するのです。その基盤となるのは、気血水の流れに滞りがない、「五体流通した身体」です。そこに向かって、歪みや滞りを整えていくのが、山伏整体です。「五体流通した身体」は、武道をはじめ様々な芸能、踊り、スポーツに関わる方々にとって大切な、「居着きのない身体」にも通じるものだと考えます。

2　山伏修行合宿「秋の峰」での体験

出羽三山神社主催の山伏修行合宿「秋の峰」に、初めて参加した時のことです。峰中堂という修行道場で、先輩山伏が、仲間の腰痛を治していました。その手技が非常に興味深く、私も身体の不具合を治してもらうことにしました。すると、痛いことは一切せず、心地好い方向にのみ、関節を曲げ伸ばしするだけで、痛みが軽減していきました。それまでに経験したことのない不思議な体験

山梨県河口浅間神社の母の白滝にて。

でした。

下山後、調べてみると、それは操体法的な技でした。「操体法」は、日本に昔から伝わる無痛の整体技法（逆モーション療法）を医師の橋本敬三氏（１８９７〜１９９３）が集大成した整体技法です。それは、私がそれまで大学で専攻してきた、体育の分野にはない発想でした。

「秋の峰」には、いろいろな職業の人が参加しており、武道家や治療家も意外に多くいます。峰中堂では、それらの達人から、様々な手技が披露され、伝授されます。整体法、整骨法、マッサージ、腱引き、手当て療法、気合い術など、まさに技の宝庫です。私は、現在広く行われている各種整体技法の源泉には、山伏の技や古伝の武道の技があるのではないかと考えています。

3 山伏直伝の技

私は、新潟県の山村で育ちました。そこでは、身近に山伏の存在が感じられていました。大学卒業後、進路に悩んでいた時には、マルモリさんという八海山の山伏に、整体をしてもらいながら、話を聞いてもらいました。そのおかげで、迷いが消え、修行に専念できるようになりました。それは、まさに身体を整えながらのカウンセリングでした。

私は、身体と心、そして魂の次元をも視野に入れて調整するのが、山伏整体の特徴だと考えています。身体の歪みや滞りが取れると、エネルギーの流れが良くなり、自分の内面と向き合いやすくなります。ギュッと固めていた身体が解放されると、思いがけず、無意識の想いが浮上してくることがあります。素直にそれを認め、潔く懺悔することができるようになるのです。痛みや歪み、病気の背後にある無意識の想いやカルマにも目を向けなければなりません。抑圧されている救われない想いを成仏させることで、問題の解決を図るのが山伏流です。

ここで、マルモリさんに習った整体の技をご紹介しましょう。本稿では、主に身体へのアプローチの方法をご紹介します。ですが、身体と心はつながっています。常に、身体の変化と同時に、「そ

れで、心はどうなった?」と、心の変化にも目を向けてみて下さい。

【整体ワーク1】 背骨を整える。（次ページ写真参照）

【整体ワーク2】 頸椎上部首回しで、目を弛め、頸椎を整える。（123頁掲載写真参照）

①背骨の通りが良い。②目や首、肩の無駄な力が抜けている。③下丹田の中心の極微の1点にだけ、ピンポイントで集中している。以上3点は、宗教的な修行をする上でも、武道の稽古においても、とても大切なことです。そこを目指して、整体して下さい。

山伏は、全国を行脚する中で、痛みとりや病気治しを通して、人々を苦しみから救っていました。そして、自分がいなくなった後も、人々が自分で自分の身体を調整できるよう、自己整体の技を伝授していました。

山伏は、厳しい山岳修行の中で、自分で自分の身心を整えなければなりません。そのため、古来より、様々なセルフケアの技が工夫され、伝えられてきたのです。そのほとんどは、特別の道具を使うことなく、山の中でもできる簡便な方法で、効果の大きいものでした。ですから、山伏が伝え

〔整体ワーク1〕背骨を整える

ビフォー

被施術者は座った状態で前屈をする。

バンザイをしながら、施術者の脚の上に寝そべるように体を乗せ、顎を上げ、大きく伸びをする。

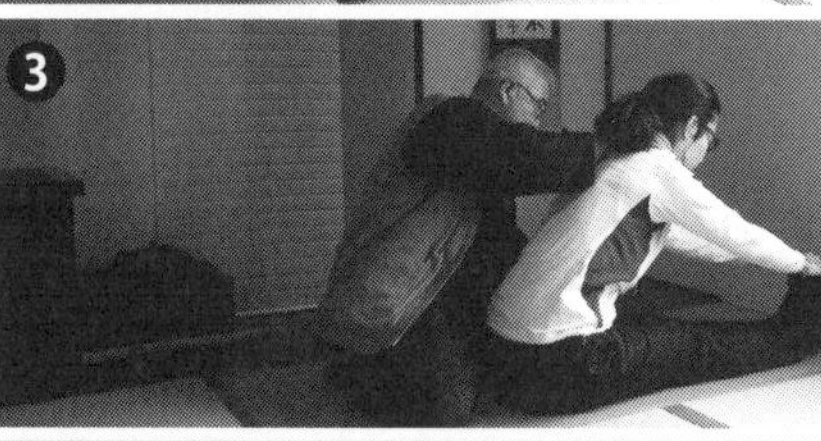

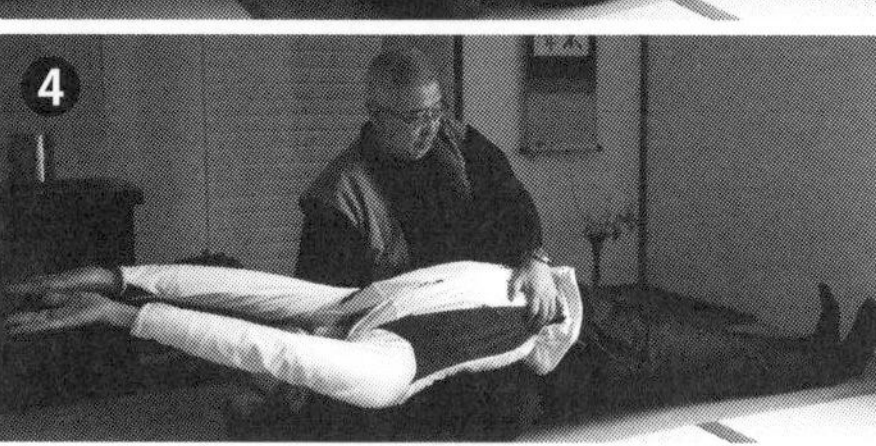

再度前屈し、もう一度同じように伸びをする。これを4、5回繰り返す。この時、施術者は、1回ごとに脚の位置を少しずつ変え、相手の腰から背中に近い方まで移動させ、痛いところ、あるいは気持ちのいいところを確認しながら行うとよい。

アフター

最後の前屈は、最初の前屈（写真1）に比べて、かなり深くなっている。柔軟性も増しているのが分かる。

〔整体ワーク2〕目を弛め、頚椎を整える

①左手で被施術者のこめかみを掴むように持ち、右肘を膝の上に置きながら、右手で首を持つ。②そこから、被施術者の顎を上げ、首の上部を、右に数回、左に数回、交互に回す。③〜④さらに、右手を被施術者の首を支えるようにしながら、上に軽く持ち上げる。この時、被施術者は顎を上げること。これをやって、目を開けると、目がすっきりしているのが分かる。パソコンやスマホで目が疲れている人に特に有効。

頚椎上部の首回し

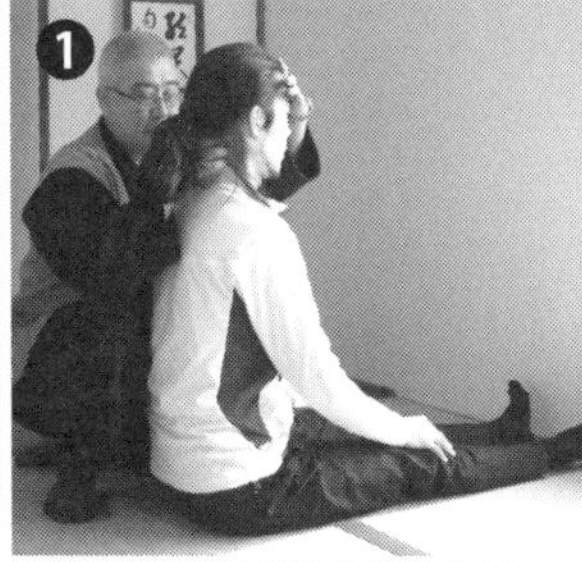

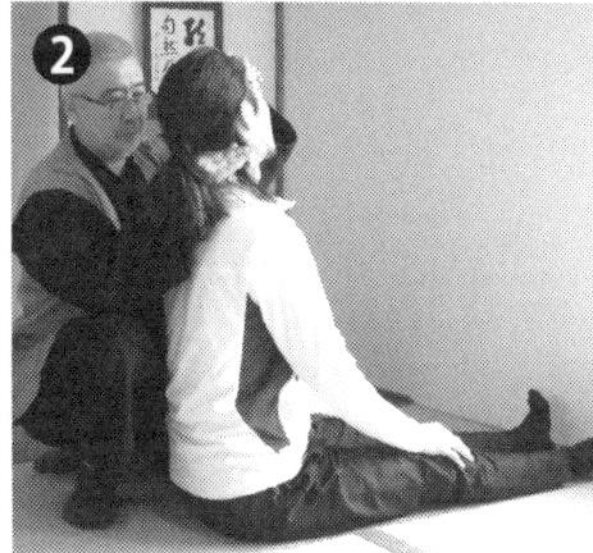

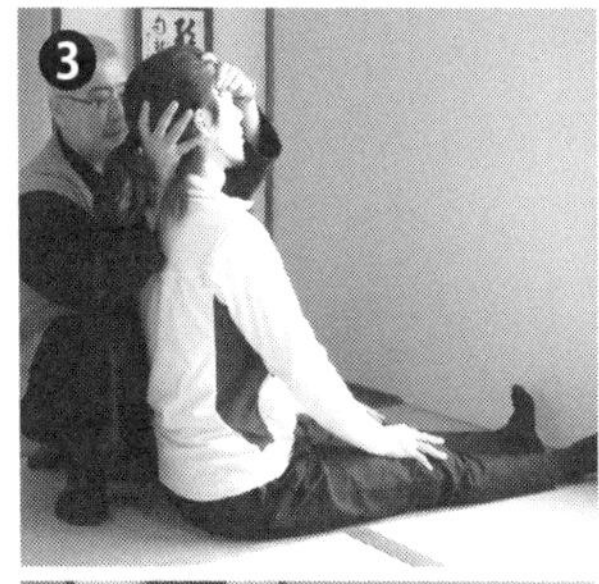

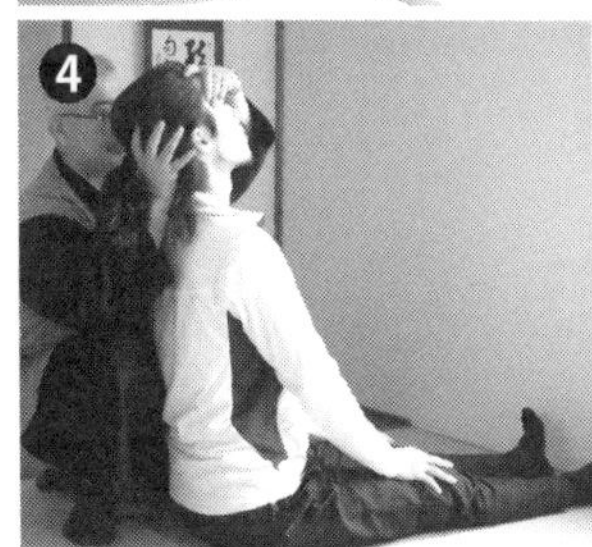

一人で行うやり方

一人で首まわりを弛める方法としては、頭蓋骨の下のへリに指を当て、そこを支点にして、軽く押しながら首を回す。手で首にコルセットをするイメージで、首の上の方をよく動かしてあげるとよい。

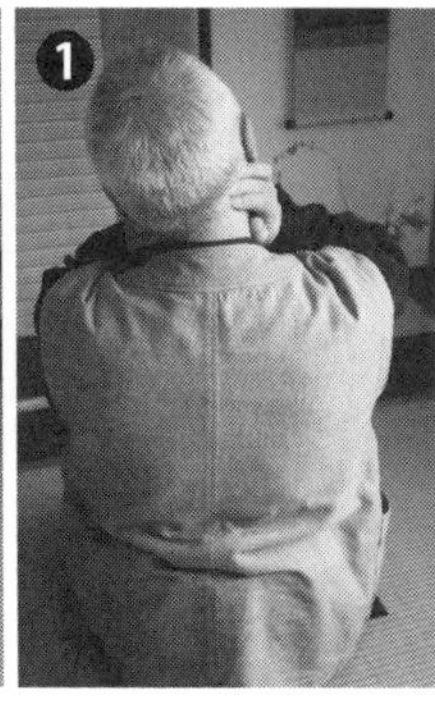

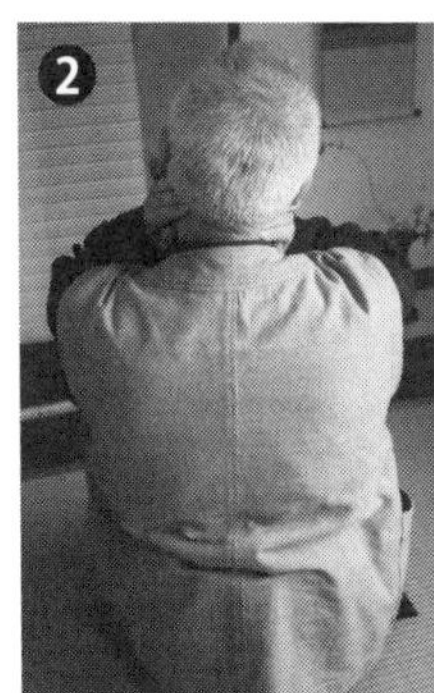

る自己整体の技は、多くの人が、安全に効率よく行うことができたのです。

4 山伏整体から発想した整体体操

私は、山伏整体を基盤に、自分で自分の身心を整えるための様々な体操を考案してきました。身体の通りが良くなると心が澄んできますし、良き心になると身体の動きが良くなります。

その内の1つ、「ナンバ式骨体操」は、全身の骨格バランスと気のエネルギーのバランスを整える体操です。桐朋高校で体育を教えていた頃、体育の授業を見学したいと言ってくる生徒たちの身体を調整していたことに端を発しています。桐朋流ナンバのコンセプトに基づいた、自己整体体操です。

その後、より簡単に、いつでも、どこでも、誰でもができるようにと開発したのが、「ホネナビ関節体操」です。主要な17の関節を1つ1つチェックし、歪みや滞りをとり、動きを活性化する体操です。手を握る開く、手首を前後左右に動かすなど、全身の関節をまんべんなく動かしていく、非常にシンプルな動きで構成されています。個々の関節の動きのバランスが取れ、全身の骨格バランス・気のエネルギーのバランスが整います。関節の歪みや滞りの背後にある想いにも注意を向け

ながら、丁寧に行って下さい。

「ホネナビ関節体操」の3原則は、以下の通りです。

①痛いことはしない。痛くない方を積極的に動かす。痛みは、身体が発する危険信号です。

②骨・関節を意識して動かす。

③全身のバランスを取る。バランスを取りながら動く。

個々の関節の動きがよくなり、それを上手に協調させて動かすことができるようになると、各種パフォーマンスの向上が望めます。あらゆる日常の動き、武道、スポーツ、芸事に通じるものです。

ここでまた、代表的な動きを2つ、ご紹介します。

【ホネナビ整体1】 股関節変形回し（126ページ写真参照）

武道の場合、半身になって構えることが多く、股関節の左右のバランスが崩れやすいので、この体操で調整すると良いと思います。

【ホネナビ整体2】 鎖骨・肩甲骨回し（127ページ写真参照）

〔ホネナビ整体1〕股関節変形回し

①最初に右足、左足ともに片足立ちして、左右差を確認する。今回は、左足で立った方がややバランスがとりにくいということだった。

②～③腰に手を置いて、足先は30度～45度程度開き、仙骨を立てる意識で腰を入れた上で、円を描くようにして股関節を回す。この時、膝は曲げないこと。回しながら、違和感や痛みを感じる部分があれば、そこを避けるようにして、逆に問題のない個所は、強めに大きく回す。数回から十回程度回したら、逆回転で同程度回す。

④再度、片足立ちを行うと、ややバランスがとりにくかった左足での片足立ちも、最初より安定感が増したという。写真でも、背骨が伸びて、よりしっかりとした立ち方になっているのが見てとれる。

〔ホネナビ整体2〕鎖骨・肩甲骨回し

ペアで行うやり方

施術者は左手の中指、薬指で被施術者の胸骨の一番上を押さえながら、右肩を回す。矢印の方向に数回回したら、逆方向に同程度回す。それを何度か繰り返す。左肩も同じように行う。肩を押さえ込みながら、関節をはめるように回すと、肩甲骨と鎖骨がなめらかによく動くようになる。

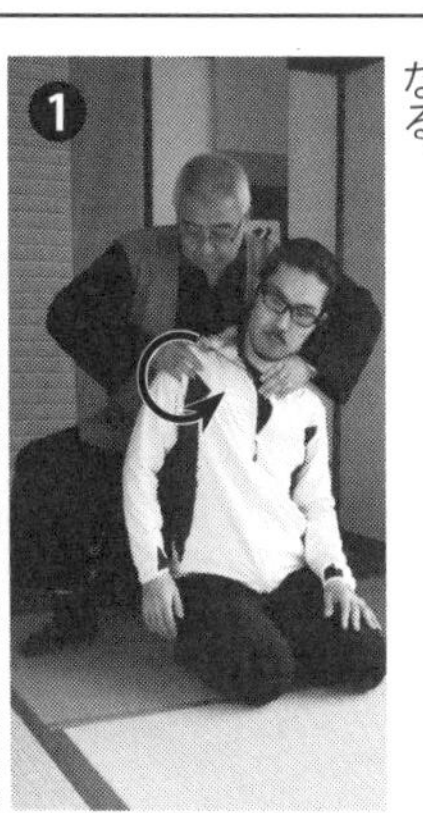

一人で行うやり方

一人で行う場合は、右肩を回す時は左手の中指、薬指で胸骨の一番上を押さえながら、胸鎖関節を支点に肩先が円を描く意識で回す。肘もそれにつれ屈曲、伸展させる。左肩も同じように行う。

「ホネナビ関節体操」は、自己整体のための体操ですが、その中の動きを使って、他者の身体を整えてあげることもできます。ペアの人に手を添えてもらったり、軽く関節を押し込むように補助してもらうことで、より整体効果が上がります。ペアの人に補助してもらい、受動的になると、身体の感覚を読み取る感性が育ってきます。

身体の感覚を上手に読み取れるようになると、一人二役ができるようになります。「やってる自分」と「感じる自分」が相談しながら、身体を調整したり、操作できるようになるのです。すると、本来身体が持っている自己調整力が上がると共に、各種パフォーマンスの向上が期待できます。

古来、武道家は、活殺自在の技を持っていました。本稿が、皆さんが自己整体・他者整体をなさる時の何かのヒントになれば幸いです。

第7章 滝行……

1 滝行とは

修験道の代表的な修行は、山林抖擻（とそう）、滝行、護摩、読経、祈祷、禅定（瞑想）です。本章では、その内の滝行についてご紹介させて頂きます。

修行の「修」の字は、人が背中から水を浴びている姿の象形文字だと言われています。修行と言えば滝行というくらい、滝行は本質的な修行です。また、滝行は、修験道の修行として行われるだけでなく、武芸者やスポーツ選手、一般の方の修行としても行われています。古来より、剣豪宮本武蔵をはじめ、多くの武芸者が滝行で身心を清め、鍛錬してきました。

一般的に滝行は、冷たさに耐えて頑張るもの、強く大きな滝に長く入っているほど立派といったイメージを持たれているかもしれません。しかし、私が師匠から学んだ滝行は、そうではありません。私にとって滝行は、意識の深い層に一気につながるもの、そして、そこから人生の指針となる智恵を得てくるものです。

滝行は最速・最高の意識変容の術です。心の変容に目を向けなければ、ただの我慢比べに終わり、身体を壊すことにもなりかねません。

山形県湯殿山含満（かんまん）ノ滝での滝行。

滝行には、多くの可能性が秘められていますが、私は以下のような目的を持って、滝行を行います。

○武道や芸道などの諸技能の向上を目指す
○罪穢れを祓う、禊ぐ
○命あることに感謝する
○自己の深い内面に触れる
○問題解決のための智恵を得る
○生徒たちの心願成就を念じる
○国土安寧、世界の平和を祈る
○自然と一体化する、神人合一する

私も、初めから滝行の凄さがわかっていた訳ではありません。修行を始めた頃は、学生時代、剣道で身心を鍛えてきた自負もあり、人一倍大きな声を出し、カッコ良く滝に打たれているつもりでした。ところが、師匠（故佐藤美知子師：瞑想・滝行指導者）には、歯牙にもかけてもらえませんでした。

それが、3年程経った頃、栃木県の滝に行った時のことです。私は、ドロドロとした悩みを抱え、考えが堂々巡りする中、内臓がキリキリと痛み、半ば神経症のようになっていました。もう自分ではどうすることもできず、助けて下さいと、すがるような思いで滝に入りました。滝の中でジーッとしていると、パッと目の前が開けて意識が変わり、自分が光に包まれたような感覚になりました。今まで気づかなかった深い次元のエゴを目の当たりにして、「申し訳ない」と今までにないような深い懺悔の思いが湧き起こりました。同時に、そんな自分を見守ってくれている大いなるものの存在に、「ありがたい」という気持ちが出てきたのです。

とてつもない懺悔と感謝の気持ちに包まれて、泣きながら滝から出てくると、師匠が「滝にはそうやって入るのよ」と言葉をかけて下さったのです。「あのドロドロした想いは、どこへ行ってしまったのだろう」というくらい、清々しい気持ちになっていました。陽に光る木の葉の1枚1枚が、輝いて見える程、景色の見え方も変わっていました。

以来、数えきれない程の問題を滝行で解いてきました。そこには、常に一心に鈴を振り、祈って下さる師匠の姿がありました。師匠が亡くなられた後は、鈴を振るとそこに師匠が降りてきて下さると信じ、自身のため、仲間のために鈴を振り続けています。様々な祈りやご縁の中で修行させて頂いていることに、以前より、より一層深く感謝する今日この頃です。

力任せに滝に入っていた時には、寒さに震えることも多かったのですが、自分の深いところにつながれるようになると、身体がなくなっていくというか、水の冷たさを感じなくなりました。そして、情けない自分を素直に認め、潔く懺悔すると、それでも生かされているというありがたさに、心も温かくなるのです。

2 滝行から発想した下丹田充実法

滝行からは、様々な身心技法を発想しています。

【ワーク1】 滝行から発想した下丹田充実法をご紹介します。（次ページ写真参照）

まだ初修の頃、私が「（水の勢いが強い滝では）流線形で入った方が良いのでは」と生意気なこ

〔ワーク1〕滝行から発想した下丹田充実法

滝行では、不動印を結んで滝に入るのが一般的な方法の一つ。

ビフォー

アフター

肘を張り肩を下げ、背骨を落とし（骨盤の中に埋め）、足裏を水平にして上方に上げようとする力を（体の中においてて）かけることで、より安定した姿勢となる。※矢印はエネルギーの流れ。

前ページの姿勢から後ろから腕を掴んで下に引っ張ってもらうと、その安定度がよく分かる。〝ビフォー〟の姿勢で下に引っ張られた時（右列写真）より、〝アフター〟の姿勢で引っ張られた時（左列写真）の方が楽に姿勢を保つことができ、また肚が充実していることが実感できる。

さらに、左列写真の状態から、遠くを見つめながら自分の情けないところを懺悔する気持ちを持つと、肚がより充実し安定度が増すのが感じられる。

また、一人で不動印を結んでいる場合（前ページ写真）より、本ページ写真のように下への圧力を加えられた時（滝に入っている時も同じように下への圧力がかかっている）の方が、懺悔しやすくなる。

とを言うと、師匠に一笑に付されました。流線形どころか、やや肘を張り、身体全体で水の勢いを受け止める方が良いと言うのです。すぐにはその意味が理解できませんでした。それが、10年程経った頃、ようやく、確かに身体全体で受け止めた方が、身体がブレることなく、下丹田が充実することを体認できるようになりました。

滝行により、下丹田が充実します。また逆に、日頃の鍛錬で下丹田が充実してくると、しっかり滝に入れるようになります。さらに、懺悔すると滝に入りやすく、逆に滝に打たれると懺悔しやすくなります。修行を重ねるうちに、より深い次元の下丹田充実、懺悔ができるようになるのです。

下丹田は、五大（地水火風空）の内の「水」のエレメントですから、聖なる水のエネルギーに触れることで、より一層充実しやすくなります。山伏の私としては、できることなら、貯め水や汲み水ではなく、自然の水、中でも生まれたての水で修行したいと考えています。

【ワーク2】 もう1つ、師匠直伝の下丹田充実法をご紹介しましょう。（138ページ写真参照）

滝行の前後に行うと、下丹田が充実し、身体も温まります。もちろん、武道の稽古や日常生活にも、役に立ちます。

一般的には下丹田の充実が注目されがちですが、私は、３つの丹田をバランスよく整えることが大切だと考えます。３つの丹田とは、以下の３つです。

○上丹田：眉間の辺りにある、智恵の源
○中丹田：胸の真ん中辺りにある、愛の源
○下丹田：へそ下４～５センチにある、生命力の源

下丹田が充実すると、下半身が安定し、動きに安定感が出ます。そのため、より高度なパフォーマンスを発揮できるようになります。また、気持ちも落ち着き、多少のことには動じない強い心を獲得することができるのです。

しかし、下丹田を充実させるだけでは、時に、せっかくの力が暴走し、空回りしてしまう危険性があります。そうならないためには、常に上丹田と中丹田を整えることも心がけ、調和のとれた人間性を育むことが必要だと考えます。

〔ワーク2〕師匠直伝の下丹田充実法

下丹田を充実させるワーク。両手を振り上げ、肘を折って脇腹の横に引きながら、片足を引く。腕を脇腹の横に引く時は、「うっ」と声を出して、強めに息を吐き出す。

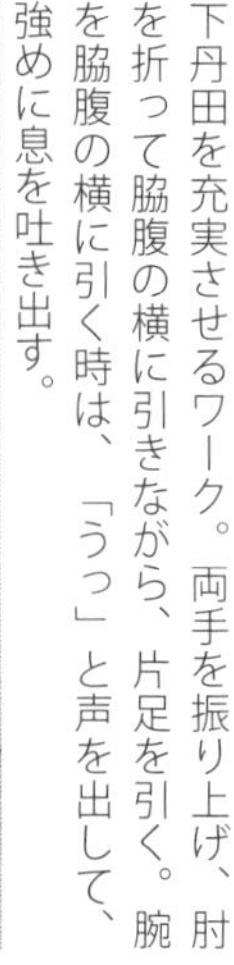

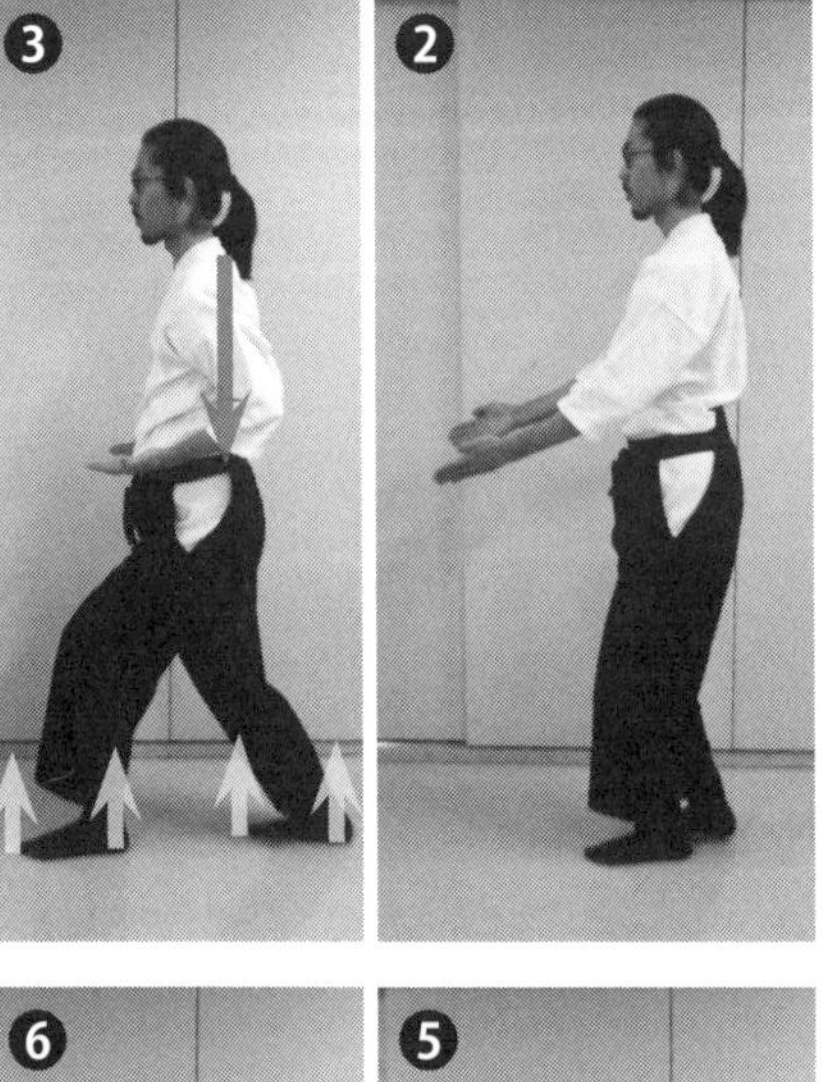

両腕を振り下げ、引いていた足を元に戻す。再び両手を振り上げ、肘を折って先と同様に脇腹の横に引きながら、逆の足を引く。この動きを繰り返す。腕を振り上げる時と振り下げる時はリラックスを心がける。

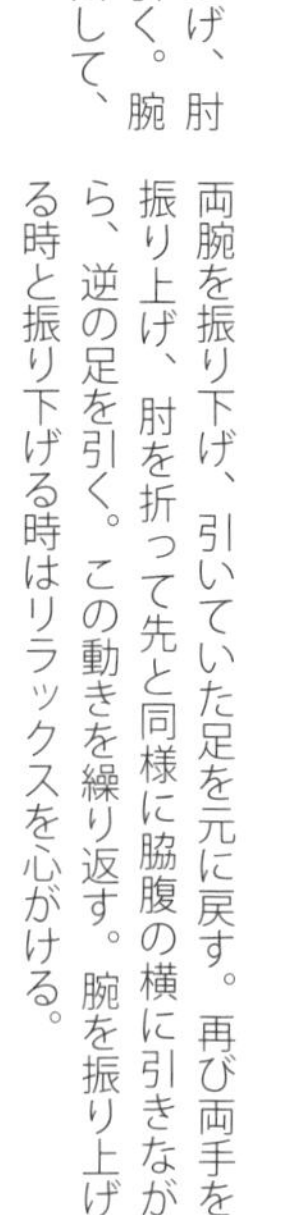

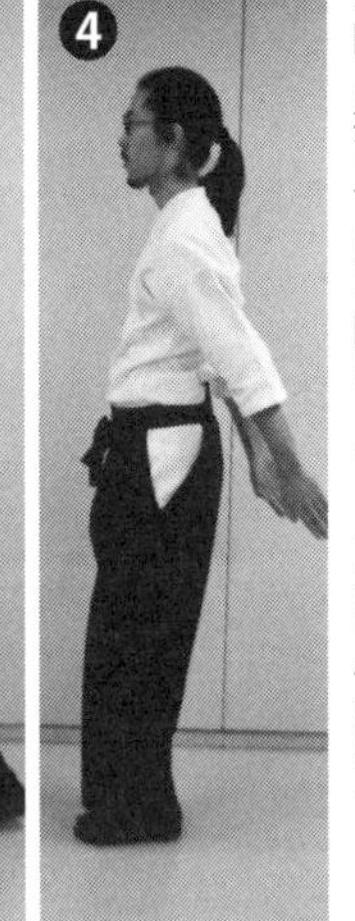

3 刀印で魔を斬る

滝場では、刀印(とういん)で場を清め、魔を斬ります（次ページ写真参照）。滝場は、神聖な場所で、自然のエネルギーに満ちあふれ、精霊が宿ります。しかし、悪霊や魔的なものがうごめいていることもあります。気合いを込めて、それらを刀印で斬るのです。刀印は、神道の鳥船神事にも修験道の九字護身法にも使われる、極めて威力を持った印です。

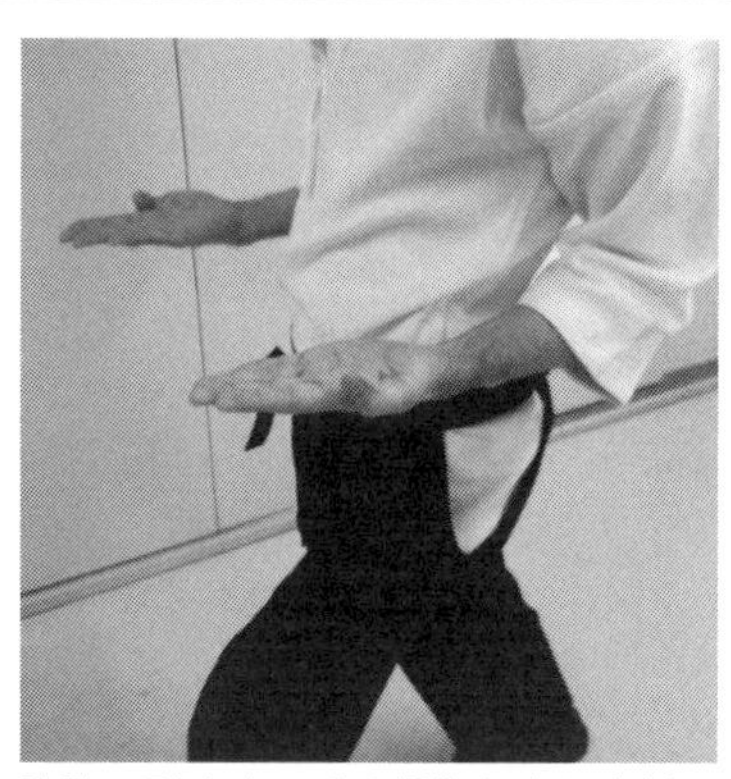

脇腹に引く時の手は親指を少し内側に折るように。また、腕を脇腹に引く動きとともに、足裏を水平にして上方に上げようとする力を（体の中において）かける。また、背骨は骨盤に埋める。

上掲写真は寝転んで足首を持ってもらった状態で、相手が崩れない程度に足を頭側に引っ張る力をかけている。このエネルギーの流れは前ページ写真③⑥の際のエネルギーの流れと同じものなので、ペアを組める場合は、この動作を行った上で、ワークに取り組むと、その感覚をつかみやすい。

◆◇刀印の効用

最初に被験者にどちらの肩が動きにくいか、右肩、左肩を交互に回してもらって確認する。今回は、やや左肩の方が動きが悪いということだったので、丹田に力を込めた上で（写真1）、被験者の左肩周辺が滞っているというイメージを持って、その部分に向けて、「えいっ」と大きな掛け声を発しながら刀印で斬る（写真2）。そして、再度、被験者に右肩、左肩を回してもらうと、左肩の動きが滑らかになったのが分かる。

〔ワーク3〕脾経を整える体操

刀印と同じ手の形（人差し指と中指を真っ直ぐ伸ばす）で、左右の手が互い違いで表裏になるように回転させる動きを繰り返すと、脾経が整ってくる。この体操を行う際は、襟を正す気持ちを持つとよい。脾経が弱ってくると服装が乱れると言われており、また、脾経は霊的なエネルギーと非常に繋がりが深い。憑依されると『脾が虚す』とも言われている。

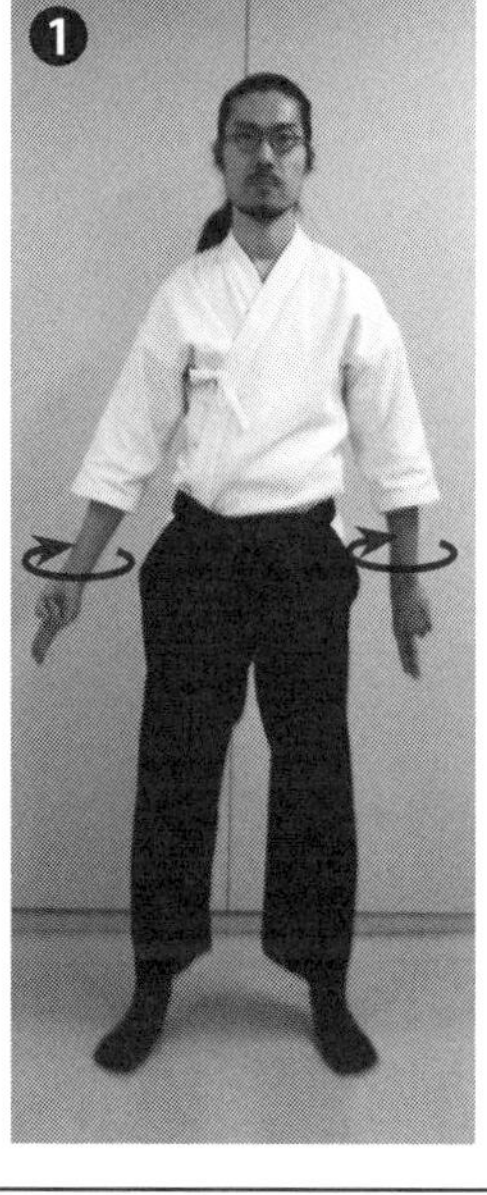

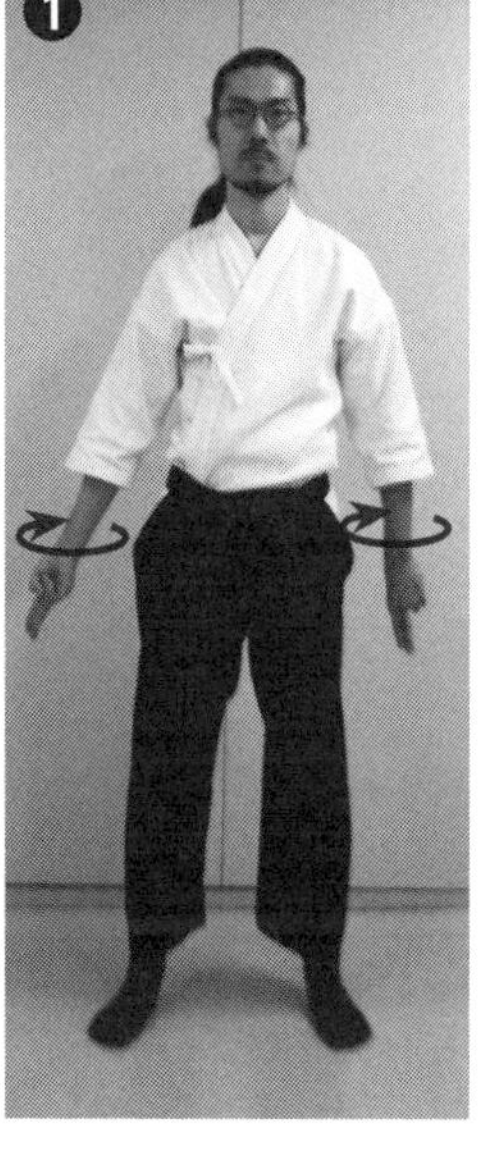

刀印には、自己の内面の迷いを斬る力もあります。迷う気持ち、恐れる気持ち、怯える気持ち、怠ける気持ちなどの煩悩を断ち切ることができるのです。

また、滝場では憑依を受けることがあります。憑依を受けると、脾経(ひけい)が虚(きょ)すと言われています。そんな時、刀印を使った脾経を整える体操が有効です。日頃から、脾経を充実させておくと、憑依から身を護ることができます。

〔ワーク3〕脾経を整える体操（上掲写真参照）

この体操は、私が、鍼灸師の大野忠利

氏と共に開発した、オリジナルの経絡体操です。

4 滝行で、問題解決の智恵を得る

瞑想では、なかなか壁を突破できない時、ここ一番という大事の前に、学生や瞑想クラスの生徒たちを滝行に連れて行きます。以前、「生きる意味がわからない」と、何度も自殺未遂を繰り返していた青年を滝行に連れて行ったことがありました。「私の話を聞いても君は納得しないだろう。滝の中で命をかけて、答えを聞いてこい」と、送り出しました。すると「すごく温かい気持ちになって、それだけで生きている意味があるんだなと思った」と、自ら答えを得てきました。命がけで聞くと、滝は答えてくれるのです。

滝行は、とてつもない威力を持っています。それだけに本人の予想以上に、身心魂に対しての危険性もはらんでいます。初修者の方は、しっかりとした先達の下で、修行なさることをお勧めします。尚、滝行についてのより詳しい解説は、『滝行』（佐藤美知子著、コスモスライブラリー、2005）をご参照下さい。

山形県湯殿山の不動滝での滝行。

5 三度駆け

まずは、山形県湯殿山仙人沢での「お沢駆け」という滝修行について、ご紹介させて頂きます。仙人沢は湯殿山神社への参道にあたり、自然の景観を神様として祀った13の拝所があり、八百万の神を拝みます。お沢駆けでは、その一つひとつにお参りしながら、不動滝に至り、滝行を行います。例えば、白く光る岩壁は白衣観音（びゃくえかんのん）、赤黒く光る岩肌は愛染明王です。

巨岩や巨木などを観て、「ワッ」とビックリする。ほとばしる生命力に感動する。そこに人間の原初的な宗教体験があるように思います。それがアミニズムです。

そして、そういう自然の景観を人間の心の様々な様相、側面としても観るのです。自然の景観に良いも悪いもなく、そういう景観を神様として拝むことは、自分の中の聖なる想いを認識し、拝みながら歩くことになります。その過程で、自分の心の内面に対しても、広く見渡し、自然のものに接するようなまなざしができてくるのだと思います。その心で、お沢を登りつめた所にある、不動滝に打たれます。

この仙人沢は、その昔、一世行人が即身仏修行をなさった土地です。その中に、鉄門海上人という方がいらっしゃいました。鉄門海上人は、全国各地を巡り、布教活動を行い、多くの社会事業を行いました。そして、仙人沢で二千日の木食行を行った後、人々を苦しみから救うために、自ら即身仏となられたのです。即身仏となられた今なお、人々の幸福を祈り続けて下さっています。

木食修行中、1日に3回お沢を登る、三度駆けをなさったとの言い伝えがあります。その志に習い、私も、何度も三度駆けの修行を行いました。

2011年に、NHKBSの「山伏熱中人」という番組の撮影のお話を頂きました。ちょうど、東日本大震災が起こった年のことです。育ててもらった山へのお礼、お世話になった皆さまへの感謝の気持ち、そして、東日本大震災で被害に遭われた方々への慰霊、再び悲劇が起こらないようにとの鎮爆の祈りを込めて撮影に臨みました。

その撮影でも、三度駆けを行いました。飲まず食わず、7〜8時間がかりの三度駆けです。さすがに疲れて、心が折れそうになります。

初めは、身体の操作で何とかしようとしました。

○走りながら、骨格バランスを整える

○下丹田に身体と心をまとめるように走る

○石を持ち上げたり、鉄梯子を使って下丹田を充実させる

しかし、いよいよ身体の操作だけでは間に合わなくなった時、目の前で撮影スタッフが転倒。身を挺して機材を守るカメラマンさん、助けようと水に飛び込む他のスタッフ。その光景を見た瞬間、「カッコよく撮られよう」「いいところを見せよう」などという気持ちが吹き飛びました。自己顕示欲を深く懺悔し、多くの力に支えられていること、応援してもらっていることへの感謝の気持ちに満たされました。支えて下さっている方たちの顔、待っていてくれる人たちの顔が、次々と浮かびました。「及ばずながら、その人たちのために、この身を奉げたい」、心底、そう思いました。

◆◇背骨を意識すると、身体が十全に機能する

ビフォー

相手に両手で腕を掴まれている状態から、引っ張ろうとしても、なかなか引き込むことができない。

アフター

しかし、頭頂から尾骨までの背骨の芯を意識しながら行うと、楽に引っ張ることができる。

そして、最後に滝に打たれた時、「背骨一本になる」との教示を受けました。背骨一本だけで、不思議なところに立っている感じでした。どこからどこまでが滝で、どこからどこまでが自分なのかわからない……、それまでに感じたことのないような滝との一体感、自然との一体感。それを観ている自分がいる、分離感。身体の感覚が消え、残っているのは背骨一本だけ。それが、眼前に続く魂の歩む道と重なる、そんな体験をしました。

それをヒントに、「背骨を意識して身体を操作すると、身体が十全に機能する」ことを実感するための技法をまとめました。

その一例をご紹介します。

◆◇背骨を意識すると、身体が十全に機能する

（前ページ写真参照）

滝行をはじめとする修行を行うためには、背骨の通りをよくしておくことが大切です。師匠（故佐藤美知子師：瞑想・滝行指導者）直伝の、背骨の通りを良くするワークをご紹介しましょう。

◆◇三所（みどころ）ほぐし

（次ページ写真参照）

◆◇三所ほぐし

太腿を寄せて、お腹を引き締めて、両手を開きながら親指を組み臀部の後ろに置く。

その姿勢を保ったまま首を左右に数回ずつ回す。すると、首、背中、尾底骨周辺のエネルギーのつまりが解け、背柱管の通りが良くなる。

そこから、体を一旦楽にしてから、腰を中心にして体を上下左右に伸ばしたり（写真4）、左右に捻ったりしてみると（写真5）、体の動きが軽く感じられる。写真1～3を行う前にも、写真4～5の動きを行っておくと、その違いがよりよくわかる。

6 滝行の前精進

滝行は、ただ滝に打たれればいいというものではありません。滝行に臨む、心の準備が大切です。現実の世界で、抱えている悩みや問題を整理します。表面的な悩みや問題を整理するだけでなく、その想いが出てきた深い根っこの部分にまで、掘り下げてみることが必要です。決まった方法がある訳ではなく、各自が自分でその方法を見つけることが望ましいのですが、手掛かりになりそうな方法を一つご紹介します。

◆◇「残りの人生をどう生きたいか」のワーク

①あなたは残りの人生をどう生きたいと思っていますか?
②そうなることで、この世界に対してどう貢献できますか?
③それを邪魔する、あなた自身の内的要因は何ですか?

思いつくことを具体的に紙に書き出します。手を止めず、思いつくままに書きとめるのがコツです。ネガティブな側面から目をそむけることなく、といって責めることなく、ありのままに向き合いましょう。

悩みや問題をよく整理したら、願いを一つにまとめます。「〜?」と、問いかけの形にまとめると、答えを得やすいでしょう。

今の自分の問題や根本的な悩みをしっかり整理し、この先どういう方向に進みたいのかをよく考え、その答えを教えてもらう気持ちで、滝行に臨んで下さい。苦しくても目をそむけず、ギリギリまで自分と対峙します。

できる限りの準備をしたら、いよいよ滝行です。その場に立てたことに感謝し、ありのままの自分で臨みます。

滝場によって、作法が違いますが、多くの場合、私たちは、鳥船神事という神道式の作法を行います。先達の合図で、滝に向かって二礼二拍手一礼し、鳥船(とりふね)、雄健(おたけび)、雄詰(おころび)、気吹(いぶき)などの所作で、身心と霊魂を浄化統一します。これらは、冷水に入る前の準備体操でもあります。

滝行の前に行われる神道式の神事の中には、秘伝の技が詰まっています。

◆◇「雄健」で、気が下がる (次ページ写真参照)

◆◇「雄健」で、気が下がる

両手を腰に当て、踵を上げ、その姿勢を1～2秒間維持して、トンと踵を下ろす。これを4～5回程度繰り返す。現代人は、とかく気が上がりやすくなっているが、この動作を行うことで、気を下げる効果がある。同時に、この動きには、骨を強くする効果もある。鳥船神事の船こぎ動作と繋げて、「イクタマーー（生魂）」と数秒間ほど声を発しながら踵を上げ、その後トンと踵を落とし、続いて「タルタマーー（足魂）」と発した後同じ動作を、「タマタマルタマーー（玉留魂）」と発しながら同じ動作を行うことで、より効果がある。

両手を腰に当てた所から、ゆっくりと左右に広げながら体の上に上げていき、頭の上までいったら下ろしていく動作を、この「雄健」の動きの前後に行う。雄健の動作の後の方が気が下がりやすいことを感じられるだろう。

◆◇「振る」ことの効用

上半身を倒して地に手がつくほどの所から両手を広げ頭上で組む（写真1～4）。そこから手を組んだまま、小刻みに振るわせながらゆっくりと下げていく（写真5～6）。手が地につく程になったら、両手を開いて上げていく。これを4～5回繰り返す。この動作にも気を下げる効果がある。

また、両手を組んで振りながら上下左右に移動させ、振っていて気持ちよい所を探す（写真7～8）。気持ちよい所を見つけたら、その場所でしばらく振り続けることで、体が整う効果がある。

◆◇「振る」ことの効用（前ページ写真参照）

振動は、たいへん興味深い概念です。振動により、気血水の流れが良くなり、エネルギーのバランスが整います。居着きがなくなります。そして、頭蓋骨の振動数が細やかになると、思考が鎮まり、直観が出やすくなります。

7 滝行で「天に任せる」感覚を体得する

何のために滝行をするのでしょう。

私は、滝行によって、意識の層を飛び越えることを目指しています。「何が何でもこの問題を解きたい。それが、個人の問題を解決するだけでなく、人々の幸福につながるんだ」と信じて、滝に我が身を預けます。そのためなら、この命を落としても本望という心境に達した時、初めてパッと心の殻が破れるのです。隠れた自己中心性に気づき、心の底から懺悔します。すると、水の冷たさや寒さを忘れ、温かい心に満たされます。大いなるものとつながることができるのです。そこで得た智恵こそ、全体のためにつながる問題解決のヒントとなります。

後輩山伏の一人は、滝行によって、自分が消え、天に任せる感覚が深まったと報告してくれました。それは、そのまま武道の修行に通じるものです。自然な動きを邪魔するのは、自分を守ろうとする心、下手な小細工です。「私が、私が……」と、我欲にまみれた状態で、いかに稽古してもダメ。頑張る動きは、「我」を張る私を作りかねません。

達人の境地に達すれば、あらゆる動きによって修錬することができるのでしょう。「一突き」「一蹴り」、それ以前の「構え」の中にも、自己の内面の顕現を感じることができます。その心を内省しつつ、無駄なものをそぎ落とし、心を作り、動きを導き出していくのです。しかし、そう簡単に、その境地に達することはできません。

そこで、私なりに考える、「我」を張らない動きの学び方をご紹介しましょう。技を稽古することで、心を磨き、心を磨くことで、技の上達を目指すのです。間違った動きの学びかたは、「我」を張る私を強化してしまいます。正しい動きの学び方をすると、「我」が消えます。逆に、「我」が消えると、正しい動きができるようになります。

正しい動きとは、局部を固めず、全身をシンクロ（共振、調和）させる動きです。「やってる感」がなく、運動実感を求めない動きです。運動実感を求めない動きのための身心操作法として、以下のような方法が考えられます。

〈身体からのアプローチ〉

○全身の関節の動きを良くし、それを上手にシンクロ（共振、調和）させる
○身体の歪みや滞りをとり、気血水の流れをよくする
○局部を固めず、全身で動く
○コツをつかむ。洒落ではなく、「コツをつかむ」は、「骨をつかむ」。骨・関節を意識して動くと、全身を使った動きになる

〈心からのアプローチ〉

○懺悔する
○慈悲心を出す
○執着を捨てる
○全体を俯瞰する
○自分の信じるものに、全託する

◆◇「我」を張らないことによる身心の変化

ここでは、「我」を張らないでいることで体がどう変わるかの一例として、印を結んだ姿勢における体の変化を紹介する。不動印を結んだ際、緊張していると肩が上がった状態になりやすい（右写真）。こういう場合、「力を抜こう、抜こう」と心で思うだけでは、なかなか抜けない時があるが、自分の我欲を素直に見つめ、「すみませんでした」と懺悔する心持ちでいると、肩の力が抜けやすくなる（左写真）。

ビフォー

アフター

実際には、身体と心の両面からのアプローチが大切だと思います。

◆◇「我」を張らないことによる身心の変化（上掲写真参照）

動きを通して、我欲を捨てることを学ぶ。「身体運動における技術の向上と人間形成」は、山伏にして体育教師の私が、生涯追い求めているテーマです。

第8章

瞑想

1 大自然の中での瞑想

本章では、修験道の瞑想についてご紹介させて頂きたいと思います。修験道では瞑想にあたる部分を「禅定」と言いますが、ここでは一般的な「瞑想」という言葉を使わせて頂きます。

私は、剣道をやっていた大学院生時代、武道学会で、故湯浅泰雄先生（哲学者、筑波大学名誉教授）の「気、修行、身体」の講演を聞いたことをきっかけに、東洋的修行の道に入りました。湯浅先生の関係する研究所で、密教的なヨーガの修行を始めました。そこで、生涯の師となる故佐藤美知子師（瞑想・滝行指導者）に出会い、瞑想修行をすることになりました。

その後、師の勧めで、山形県の出羽三山で修験道の修行をするようになりましたが、私の修験道修行は、瞑想から始まったものなのです。

修験道は、山、川、湖、岩、木々など、あらゆる自然の造形物に神が宿ると考える、自然信仰を基盤としています。ですから、あらゆる自然の造形物を拝み、そこからエネルギーを頂きます。

大自然の中で瞑想すると、自然との一体化を感じやすくなります。聖地など高エネルギー状態の所で坐ると、ダイレクトに大地のエネルギーを頂くことができます。クンダリニーのエネルギーが

山形県湯殿山の大日霊屈の中での瞑想。

湯殿山の不動滝前での瞑想。

動き、異次元の意識状態に入りやすくなります。そして、日常の意識では得られない智恵を得ることができるようになるのです。

私も、山形県湯殿山のご神体の前で坐っている時、「自分が、いなくなればいいのだ」という幻聴を聞きました。湯殿山のご神体は、自然の巨岩そのものです。温泉が湧き出していて、ご神前は地熱によって温かく、そこに坐ると、大地のエネルギーを直接感じることができます。

師匠も、そこで、数々の呼吸法・瞑想の技法を神霊から伝授されたと話して下さいました。多くの修行者たちが祈り行（ぎょう）じてきた歴史の積み重ねも、私たちに大きな力を与えてくれます。

私は、山梨県の富士河口湖町、河口浅間神社の近くに、道場があります。河口浅間神社は、風水上の四神相応する場所にあります。境内には、7本の杉の巨木があり、たいへん気の流れが良い所です。気が下がりやすく、場所が瞑想を教えてくれます。

ある時、高野雅司氏（臨床心理士、ハコミ公認シニアトレーナー）の指導で、杉の巨木に向かって、ラビング・プレゼンスという身心技法を体験しました。ラビング・プレゼンスとは、杉の巨木の前に立ち、目をつぶったところから、一瞬カメラのシャッターを切るように目を開け、すぐまた閉じる。その瞬間、杉の木から好印象を受け取り、それによる身体の良き変化を感じ取る。そこに、対象物（人）に対する感謝と愛が生まれるという技法です。その杉林は、20年近く修行してきた場所で、日頃、その巨木に向かって樹林気功なども行っているのですが、いつもと違うとても新鮮な感覚を得ました。

自然に対する畏敬の念を基盤に、そこから良きエネルギーを受け取り、身心の変容を起こすというのは、修験道では当たり前に行われてきたことです。しかし、それをストレートに伝えるより、ソマティック的な技法を使った方が、伝統的な教えが上手く伝わることもあると感じました。

修験道の瞑想で、もう一つ特徴的な行場は洞窟です。修験道の開祖、役行者は、洞窟の中で瞑想修行を行っていたと言われています。現代に伝わる役行者坐像の多くは、洞窟の中で修行している姿を現しています。

富士講の開祖、長谷川角行も、富士山麓の人穴と呼ばれる洞窟で修行し、開眼したと言われています。角行の修行の足跡を追い、何度か人穴を訪れました。洞窟の中は、外に向かう感覚が閉ざされた感覚遮断（プラティヤハーラ）を起こしやすく、心が内に向かい特殊な意識状態に入りやすくなります。洞窟の形状によっては、頭の芯に音が響きやすく、真言を唱えると不思議な共鳴を感じます。まさに、大地と一体化した感覚になります。

2 武道家の瞑想、坐禅

古来、武道家と坐禅は、深いつながりがあります。現代でも、剣道、柔道などの稽古は、黙想で始まり、黙想で終わります。ともすると形だけの黙想になりがちですが、今一度、その本来の意味を見直してみて頂きたいと思います。

一方で、武道を志す人たちの中には、じっと坐って瞑想することが苦手な人たちもいます。私自身、瞑想に対して非常に興味がありながら、なかなか深い瞑想ができない時期がありました。血気盛んな青年期には、じっと坐っていることが苦痛でした。それが、滝行により、爽やかで深い意識の層に入るコースを体得したおかげで、瞑想を深められるようになったと思っています。

瞑想と滝行などの荒行は、表裏一体をなすものです。なかなか瞑想が進まない時に、自然の中で滝行したり、歩いたりしているうちに、下肚が充実するようになってきます。下肚が充実してくるにしたがって、自然に雑念が振り払われ、清んだ意識の世界に入っていくことが体感できるようになってきます。下肚が充実し、思考が鎮まり、上半身がリラックスした、下実上平の状態です。下実上平の状態になると、心が平静になり、表面的ないろいろな思考に悩まされなくなります。それが、心を深く見つめるための一里塚です。

下実上平の状態がわかってくると、それまでの瞑想がリラクゼーション的なものに過ぎなかったということに気づかされました。クンダリニーのエネルギーが動いて、清明な意識の状態になるのです。最初のうちは、師匠と一緒に坐っていると、その意識の影響を受け、ごく稀に偶発的にその状態が起きていました。ある時、師匠に、「先生は、どれくらいの頻度で、どの位の時間坐っていると、そういう状態になるんですか?」と尋ねました。すると、「坐法をとって、下丹田に集中したら、すぐなります」と言われて、ビックリしたものです。

坐法がしっかりとれると下丹田が充実し、下丹田が充実すると坐法が完成してくるのが実感できます。そうこうしているうちに、坐るとパッと下肚が充実するようになってきました。私の場合は、そうなるまでに、数年かかりましたが、誰でも、間違いのない方向で修行していれば、必ずそうなると思います。

下実上平は、武道にとっても大切な身体の状態です。下肚が充実すると、立ち合いの時、動揺しなくなります。頭が清明になっていると、全体の状況に関する感受性が上がり、正しい判断、素早い反応ができるようになると思います。

3　瞑想のための身体の整え方

インドの伝統医学、アーユルヴェーダに、3つの体質論があります。3つの体質とは、ヴァータ、ピッタ、カパです。ヴァータの特徴は、細身で、頭の回転が早い、風のような軽やかさ。ピッタは、筋肉質で、行動的、火のように情熱的。カパは、やや体格がよく、穏やか、辛抱強く、体力・持久力がある。それぞれの体質の特徴を生かし、乱れを整えて生活することが大切です。

武術家やスポーツ選手は、ピッタの人が多く、じっと坐っていることが苦手なことがあります。ここで、ピッタの乱れを整え、瞑想をしやすくする体操をご紹介しましょう。

●ピッタを鎮めるヨーガのアーサナ（体操）（次ページ写真参照）

4　坐法の取り方

坐法にこだわることはないとも言われますが、やはりしっかりした坐法が組めると深い瞑想がで

◆◇ピッタを鎮めるヨーガのアーサナ（体操）

肩逆立ち

できるだけ、首から真っ直ぐに体を立て、後ろから両手で腰を支え、足先まで上へ伸ばす。

裏蓮華

うつ伏せの状態で、両足首をからめるように組み、手首をもう一方の手で握る。

弓のポーズ

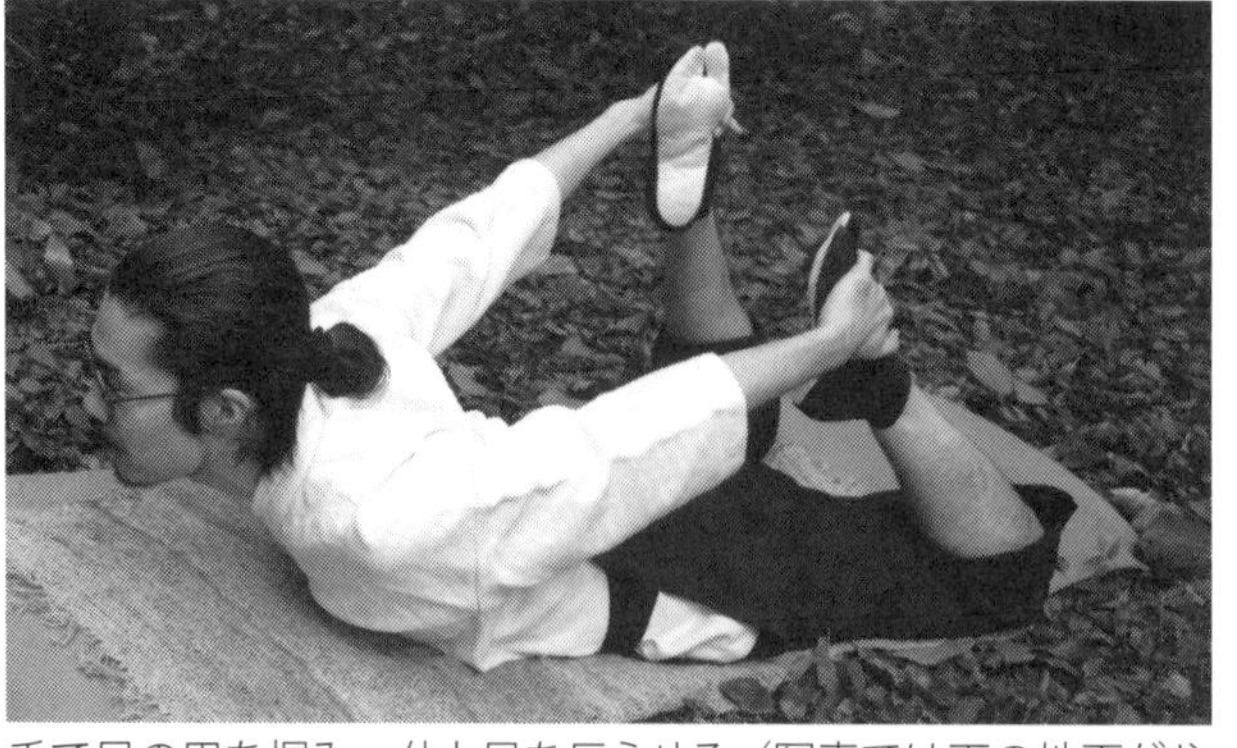

手で足の甲を掴み、体と足を反らせる（写真では下の地面がやや傾いているためバランスがとりづらいが、膝を少し上げるようにして行う）。

◆◇シッダアーサナ

シッダアーサナでは、下の足の踵部分が会陰に、上の足の踵部分が下丹田に当たるように足を組む。クンダリニー（体内に存在する根源的な生命エネルギー）が動きやすいポーズで、「達人坐」とも言われる。

きるようになります。ポイントは、「背骨が伸びている」「上半身が脱力している」「下丹田が充実している」姿勢と「楽な」姿勢の両立です。「さわやか〜」で、背筋を伸ばし、ややアゴを上げ、ポカ〜ンとします。肩の力を抜いて、安心の気持ちを下肚に下ろします。下丹田の極微の一点に集中して、瞑想、三昧（さんまい）（**※注**）へと入っていきます。

坐禅では、結跏趺坐、半跏坐などの坐法がとられますが、私は、シッダアーサナというヨーガの坐法をとります（上掲写真参照）。

※**注**：ヨーガでは、集中が深まり瞑想となり、さらに対象物と一体化した状態である三昧へと深まっていきます。

◆◇安定した坐法をとるための体操

反り蓮華

両足を組んだ状態で、手を前につきながら頭を起こして、腰から背中を反らせる。

下の「ビフォー」の写真は、「反り蓮華」「天を仰ぐポーズ」を行う前に、半跏坐で座ったもの。やや腰が落ち、背中が丸まっている。
「アフター」の写真は、上記の体操を行った後に同じように座ったもの。腰が入り、自然と背中が真っ直ぐになりやすい。

天を仰ぐポーズ

手の指を組んだまま腕を上げていき（写真1）、顔を上に向けて、腕が一番上まで上がったら（写真2）、両腕を広げていく（写真3、3'は横からの写真。この時、手をなるべく後ろにもっていくようにして胸を開く）。そのまま手を下ろしていき（写真4）、膝の上に手の甲側を置いて、体をリラックスさせる（写真5）。この動きで、背中の硬さが取れると同時に、背中が丸まってしまいがちな人は姿勢の矯正にも効果がある。

次に、安定した坐法をとるための体操をご紹介しましょう。

●反り蓮華

●天を仰ぐポーズ

（168〜169ページ写真参照）

5 自覚の領域を広げる

一生懸命に瞑想していると、心の深層から、コンプレックスや本質的な苦しみが出てきます。自分が考えていた以上に、自分という人間が、苦しんでいたことに驚きます。また、自分の中に思いもかけない地獄があり、極楽があることに気づきます。その幅の広がりを自覚していくことが、瞑想だと思えてきます。

瞑想で、様々な苦しみの背後にある、「私」に対する捉われに気づいたら、素直にそれを懺悔します。すると、意識がとても清明になります。グズグズ考えない、より深い領域の意識が開けてきて、カラリとした気持ちで、自分を観ることができるようになります。

自然の中で身体を動かす荒行は、一気に意識の層を飛び越えることができます。何度もその体験を重ねていると、瞑想でも、その境地に達することができるようになります。そして、さらにそこを超え、より深い意識の状態を目指すのです。

私は、仏陀の修行プロセスにおいて、「苦行」の期間は、決して無意味だったわけではなく、悟りに至る瞑想を深めるために、必要不可欠なものであったと考えます。「瞑想から荒行へ、そして、より深い瞑想へ」、そういった大きな修行の流れを師匠から習いました。荒行・苦行を経ることで、見える世界が違ってきたことを強く実感しています。

6 瞑想で閃きを得る

ここからは、私が師匠（故佐藤美知子師：瞑想・滝行指導者）から受け継ぎ、生涯をかけて探究し続けている「本質的な問題解決のための瞑想」をご紹介させて頂きます。

戦国時代から江戸時代前期に活躍した武芸者、林崎甚助は、父の仇討のために、剣術に精進しました。しかし、なかなか上達をみませんでした。そこで、神社に百日参籠し、大刀の抜刀を日夜錬磨しました。そして、満願の夜、示現した神より刀法の奥秘を授けられ、それを林崎夢想流と称しました。後にそれが居合道の始まりだと言われるようになります。このように、古来より、多くの

山梨県河口浅間神社内での瞑想。

武芸者が、直観的な智恵をもって、自己の技の限界を突破しようとしてきました。

かくいう私も、東洋的修行を始めた当初、修行により超能力を得て、剣道が強くなりたいと考えていました。東京高師（現筑波大学）の先輩の故森田文十郎先生の「腰と丹田で行う剣道」に憧れ、超意識から繰り出す技を駆使する自分を夢見ていました。

そんな私に、師匠は、何度となく「あなたは何のために瞑想するの？」と質問なさいました。まことしやかに教科書的な答えを返す私に、師匠は、「それで、あなたは何のために瞑想するの？」と繰り返されるのです。そうこうするうちに、私は、我欲にまみれ、修羅の心に憑りつかれた自分に気づき、深く懺悔することとなりました。それが、果てしなく続く瞑想修行の始まりでした。

瞑想の深化のための７つの階梯

1. 表面の人間は瞑想の目的（瞑想の動機）を整理する
2. 瞑想で出てくる想いの動向をありのままに眺める
3. 心が静まり、出てくる想いが少数に絞られ、問題意識に向かって凝縮してくる
4. それを凝視する
5. 意識の移行（視点が変わる）
6. 直観で自分自身を理解することができる
7. 内なる意識が目覚めたとき、その智恵と力を使って現実を生きてゆく

（「瞑想の妙宝」佐藤美知子　コスモス・ライブラリー　2007）

7 本質的な問題解決のための瞑想

「本質的な問題解決のための瞑想」とは、日常の意識では解けない問題を瞑想で解くものです。それと同時に自己を深く認識し悟りへと向かう気づきを促してくれるものです。真摯で真剣に問いかければ、自己の深い魂が答えてくれます。

滝行では、一気に意識の階層を飛び越えることができます。しかし、瞑想は、一気に進むこともありますが、多くの場合、段階的に進みます。その段階的な深化を以下にご紹介します。

◎瞑想の深化のための7つの階梯（上掲表参照）

① 表面の人間は瞑想の目的（瞑想の動機）を整理する

まず目を開けて、しっかり瞑想の動機、解きたい問題を整理します。ポイントは、紙に書いて整理することです。頭の中でなんとなく考えているだけでは、思考がまとまらず、堂々巡りになりがちです。「何としてもこの問題を解きたい」「あちらを立てればこちらが立たず、矛盾した2つのことを両立させるような解決策が欲しい」。最初に、ギリギリまで問題を煮詰めます。

ここで大事なことは、その問題を解くことが、広く世界に貢献すること、他者に対する慈悲の心とつながっているかということです。慈悲のない動機であってはなりません。自己利益だけに執着した探究心では、深い智恵は出てきません。利他の心に根ざした問いかけが大切です。私は、最初の頃、慈悲心が飾りにしか感じられませんでした。それが、修行が進むうちに、心底大切なものだと思えるようになりました。修行を積めば積むほど、慈悲の心が深化してくるのを実感しています。

また、どうしてもその答えが欲しいという情熱、強い意志も必要です。もうこれが思考の限界というところまで自分を追いつめて、喉から手が出るほど答えが欲しいという状態になったら、いったん問題を手放します。そして、そこから瞑想に入ります。

② 瞑想で出てくる想いの動向をありのままに眺める

爽やかな想いを立ち上げ、いったん問題を手放すと、いろいろな想いが浮かんできます。様々な想いが出てくると、「雑念が出て失敗」と思う方が多いようですが、出てくる想いは、問題解決のための大事なヒントです。それをあるがままに眺めてみましょう。

あるがままに眺められないのは、出てくる想いをいちいち分析しているからです。こんな想いが出た、あんな想いが出たと思うだけで、いちいち巻き込まれない、ただ眺めていることが大切です。

最初の問題意識が明確になっていると、自然にある一点にその想いが凝縮してきます。

③ 心が静まり、出てくる想いが少数に絞られ、問題意識に向かって凝縮してくる

表面の思考が止まり、心が静まると、出てくる想いが問題に向かって収斂してきます。最初に、しっかり動機を整理し、問題を明確にしておくと、自然に凝縮してきます。

なかなか凝縮せず、彷徨い続ける時は、もう一度、問題の整理をし直すことが必要かもしれません。

④ それを凝視する

ジ〜っと意識を一定にして、凝縮してきた想いを凝視します。

「小細工してしまう」「へたな倫理観が邪魔をする」「エネルギー不足でフラフラする」、陥りやす

◆◇意識のレベルを一定にする呼吸法

自然体で座った状態から、①鼻からゆっくりと息を吐き切り、吐き切ったらパッと脱力し、最初の状態に戻す。②続いて、お腹から矢が前方に真っ直ぐにすーっと飛んでいくようなイメージを持ちながら、息をゆっくりと吸い込み、吸い込み切ったら脱力し、フーっと最初の状態に戻す。これを数回〜十回程度繰り返す。この呼吸法では、息を吐き切る際に下腹部を凹ませ、息を吸い込む際に下腹部を膨らませると呼吸の流れをより体感しやすくなる。

1

い失敗です。思考を巡らせず、ただ黙ってそこに集中しておくことが大切です。そのために有効な「意識のレベルを一定に保つための呼吸法」をご紹介します（前ページ写真参照）。

「問題を遠くに離す」「胸の空間を広く意識する」「遠くの音、苦しみの声に耳を澄ます」、遠く・広くを意識するのも、一定の意識を保つための秘訣です。そして、ブレた意識を立て直すのに、最も有効なのは誓願です。慈悲の心、みんなの幸せのために何とかしたいという強い意志があると、自然に意識がまとまってきます。

⑤　意識の移行（視点が変わる）

意識を止めて集中していると、意識の次元が変わり、意識が移行します。すると、それまでとは違う視点から、自分自身や抱えている問題を観ることができるようになります。意識が移行するというのは、深く、広く、清んだ意識の領域に入ることでもあります。

⑥　直観で自分自身を理解することができる

観る眼差しが変わると、問題の根源に対する自分の心の姿勢やとらわれが観えてきます。自分がわかるというのは、自己のとらわれに気づくということでもあると思います。誰の心の中にも誓願の領域があります。自分の中にも、その領域が存在することを直観的に理解すると、日常の意識では受け入れられなかった自己の真の姿を受け入れることができるようになるのです。そして、深い懺悔が起こります。

ネガティブな側面ばかりではなく、聖なる自分、魂の輝きに出会うこともあります。

⑦ 内なる意識が目覚めたとき、その智恵と力を使って現実を生きてゆく

すると、同時に問題を解く智恵が出てきます。問題を解く智恵というのは、具体的なヴィジョンの場合もあれば、おぼろげなイメージだけのこともあります。そのかすかなヒントをキャッチして、それを日常に生かしましょう。自分の問題も解決しつつ、人々の幸せにもつながることを目指すのです。そういう気づきがあると、共時的に現実がガラッと変わることがあります。直接的に働きかけなくても、祈りが通じる、意識の次元で通じるのです。

現世利益と悟りは矛盾するものではありません。7つの階梯とは、俗世を生きて悩みを解決しながら、同時に悟りに向けて魂を磨いてゆく方法論です。

8 チャクラの覚醒法

しかし、実際には、そう簡単にはいきません。

慈悲のない動機であってはならないと言われて、自分のことで精一杯のこともあれば、偽善的に聞こえて、素直に慈悲心など出せないこともあります。そんな時は、中丹田（アナハタ・チャクラ）を刺激すると、慈悲心を引き出しやすくなります。

下丹田（スワディスターナ・チャクラ）の力が足りないと、出てくる想いをあるがままに観ていられず、意識がぼんやりしてしまいます。そんな時は、気を下げる行法や錬丹法が有効です。一定の意識の状態を保つ、凝視ができないというのも、エネルギー不足が原因のことが考えられます。保持するためにもエネルギーが必要です。

また、智恵の湧出のためには、上丹田（アジナ・チャクラ）の覚醒が有効です。

ここでポイントとなるチャクラの覚醒法をご紹介します。

◆◇中丹田（アナハタ・チャクラ）を刺激するヨーガのポーズ （次ページ写真参照）

◆◇中丹田を刺激するポーズ

中丹田（アナハタ・チャクラ）、胸の奥の空間に意識を置いて集中し、胸に息を吸い込む。吸い切ったら、ゆっくりと吐く。心はオープンにして、慈悲心を出すような意識を持って行うとよい。

魚のポーズ

◆◇上丹田を刺激するポーズ

上丹田（アジナ・チャクラ＝第三の目）に集中して、自分を俯瞰するような意識で行う。上になった脚を反対の方の腕で押さえるようにして上半身を捻る。

捻りのポーズ

◆◇上丹田（アジナ・チャクラ）を刺激するポーズ

（前ページ写真参照）

9 瞑想の危険性

瞑想は、素晴らしいものです。しかし、安易な瞑想には危険性もあります。

○無意識のフタが開き、精神的に混乱することがあります。

○自我肥大といって、自分が神にでもなったかのような万能感を感じ、自分を見失ってしまうことがあります。

○能力開発のためのツールとしてのみとらえると、瞑想の真の目的を見失うことがあります。

○「純粋のワナ」、自己の純粋性に酔い、狭量な思考にとらわれてしまうことがあります。

そうならないためには、

○自己のネガティブな側面との向き合い方が大切です。ネガティブな側面を責めたり、ないものとして抑圧せず素直に認め、潔く懺悔します。慈しみの心をもって接すると、ネガティブなものが昇華され力となります。

◆◇クンダリニーエネルギーを目覚し上昇させるための方法

バストリカ

尾骨先端のクンダリニーを目覚めさせる呼吸法である。会陰を大地に接触させ、股関節をしっかり開いて座る。そして、背骨と尾骨を真っ直ぐにして、会陰の小さな一点を通して、大地の中心に向かってすばやく息を吐いていくイメージで呼吸する。

○同時に、意外に抑圧しがちなポジティブな側面（晴明心、慈悲・博愛、智恵など）を立ち上げましょう。

○そして、その基盤となる生命エネルギーの充実を図ることが大切です。

クンダリニーエネルギーを目覚し上昇させるための方法をご紹介します。

◆◇バストリカ（上掲写真参照）

これは、本章冒頭項でご紹介した、師匠が山形県湯殿山のご神前でその奥義を感得した呼吸法です。

そして、クンダリニーの上昇によるエネルギーを天に解き放つための方法です。

第4のバンドハ

クンダリニーの上昇を妨げる脊柱管の中の結節を解くための行法である。前ページの「バストリカ」の姿勢で、ムーラ・バンドハ（会陰）、ウディヤーナ・バンドハ（腹部）、ジャランドハラ・バンドハ（喉）という3つのバンドハに意識を集中させる。その上で、右写真の体勢をとり、第4のバンドハであるブラフマンの門（頭頂部）を通して、エネルギーを上方に通じさせる。

◆◇プラナムドラ

プラナムドラは、脊柱管に対応するスシュムナ管のエネルギーの通りを良くする行法である。
チャクラの根が脊柱管内にあるとイメージする。指先から出すエネルギーの刺激により、チャクラを一つひとつ意識し、エネルギーを上げていく（写真１～２）。頭頂（ブラフマンの門）から天に向かってエネルギーを上げる（写真３）。天からエネルギーが降りてきて、脊柱管内のチャクラを刺激しながら下降していく（写真４～６）。この動きを数回繰り返す。

◆◇第4のバンドハ　(前ページ写真参照)

一般には、3つのバンドハ（ムーラ・バンドハ、ウディヤナ・バンドハ、ジャランダラ・バンドハ）が知られています。この第4のバンドハは師匠オリジナルの秘伝です。

クンダリニーのエネルギーを動かすのは、極意中の極意です。いたずらなエネルギー操作は、自我肥大、エゴの増大を招き、精神を壊す危険性もはらんでいます。そうならないためには、懺悔と慈悲の心を深めていくことが非常に大切です。

第9章

身体と心を繋ぐ道

1 慈悲の実践

本書もいよいよ最終章です。これまで、「伝統の智恵と技をいかに現代に生かすか」という命題の下、修験道から発想した各種身心技法をご紹介してきました。本書の内容は、『月刊秘伝』での2年間にわたる連載が元になっています。本書を締めくくるにあたり、改めて自己を振り返ってみますと、この2年間で、大きく変化したことがありました。それは、修行する動機の変化です。以前の私は、「本当のことを知りたい」という願いの背後に、どこか「それは、自分の修行、自己の探究のために」という想いがありました。それが、今は、「みんなのために、本当のことを知りたい」と思うようになりました。「慈悲の実践」の実感を得られるようになったのです。

昨日も、本を読んでいると、いつになく本の内容がスッと頭に入り、深く理解が進んでいきました。「何で?」と、自問してみると、「生徒たちのために、何とか智恵が欲しい」という、心理的な構えになっていることに気がつきました。以前の私は、自分の興味にまかせて本を読み、知識を得ることで、人と差をつけたい、人に勝りたいという暗黙の想いを持っていたのです。

誰しも、人に負けたくない、人の知らない知識や技を身につけ、勝負に勝ちたいとの思いを持っ

山梨県富士河口湖の河口浅間神社・母の白滝へ滝行指導に向かう。

ています。それは向上心の一つの現れでもあり、悪いことではありません。しかし、その念に憑りつかれてしまうと、不幸になります。それが、勝ち負けのためだけでなく、それを超えた誓願のためと思えるようになると、はるかに自由に力を発揮できるようになるのです。

私は、修験道の修行を通して、その実感を強くしました。様々な試練を経て、今、命あることに感謝し、多くの人々、大いなる力に支えられて生きていることに感謝できるようになりました。そして、ご恩に報いるために、恩返しをしたいとの想いがより一層強く立ち上がってきたのです。

2 自然の中での修行

私達山伏は、「上求菩提下化衆生(じょうぐぼだいげけしゅじょう)」を体現するために、山で修行します。現実の社会で困った問題や課題、人々の悩みや願いを抱えて山に入ります。山を道場に、自然との感応道交により、智恵を獲得します。人間の作った枠組みを超えた智恵と力(験力(げんりき))を得て、また里に戻ってきます。そして、衆生救済のために東奔西走するのです。

現実の問題を突破する実践的な智恵が、自然の中にはあるのです。宗教対立、環境問題などの人類共通の課題、また個人の問題を解決するためのヒントです。

自然の中で、自らの心を振り返ることで、限界を突破することができます。古来より、多くの武芸者たちが、山に籠り修行してきました。技の修錬はもちろんですが、精神的な修行により、より一層の飛躍を求めていたのではないでしょうか。これまでにも何度もお話してきましたが、懺悔から生まれる慈悲と智恵、それが修験道の核となる心境です。ここでいう慈悲と智恵は、人間の思考の枠組みを超えた、高次の慈悲と智恵です。自然の力を借り、その場で修行してきた先人たちの力を借り、意識の階層を飛び越え、より高次の心境の開花を目指して下さい。

大自然の中に分け入ることで、修行は深まりますが、身近な自然の中に身を置くだけでも、十分にその一端は感得できます。ブナの森の中で半日も過ごしていると、頭が静謐になります。頭蓋骨周辺の骨膜の緊張が取れます。思考が鎮まり、深い意識の層にアクセスできます。是非、皆さんも、自然の中、特に聖地に身を置いて、自身の心の内と向き合ってみて下さい。

とは言え、すぐに自然の中に行けない時は、自然を身近に感じるイメージを持てばいいのです。この観点から開発したのが、ホネナビブレス体操という呼吸法です。全身を動かしながら呼吸することで、身体が浄化され、気分も晴れ晴れする体操です。自然の情景をモチーフに構成されていますので、そのイメージを使うことで、より一層効果が高まります。更に、想いを込めて行うことで、心境を高めていくことにもつながります。

大空に羽ばたく白鳥になったイメージで、全身の伸びをしながら心地好く呼吸し、「さわやか～」と思います。爽やかさを立ち上げたところで、気を下ろし、懺悔します(次ページ写真参照)。そして、そこから生まれる感謝の気持ちを基に、恩返しの心を引き出します。胸襟を開き、オープンな心で、慈悲・慈愛、人々のことを思います。結果を求める執着を捨て、ただただ息の出入りに任せ呼吸します。身体も心もオープンに、全体を俯瞰するように状況をとらえると、智恵が湧出します。その

◆◇気を下ろし、懺悔する

「さわやか〜」という意識で両腕をゆっくりと頭上に上げていき、そこから自分のネガティブな面を「すみませんでした」と謝るように懺悔の気持ちで両腕をゆっくりと下ろしていく（写真1〜4）。この動作を数回〜十回程度繰り返す。このワークでは、腕を上げる時に息を吸い、下げる時に息を吐くと、より気持ちを整えやすくなる。また、このワークを行う前と後で、懺悔する気持ちにどのような変化が生じるか、自分で自分の心を見つめ分析することで、その気持ちがより深まっていく手助けにもなる。

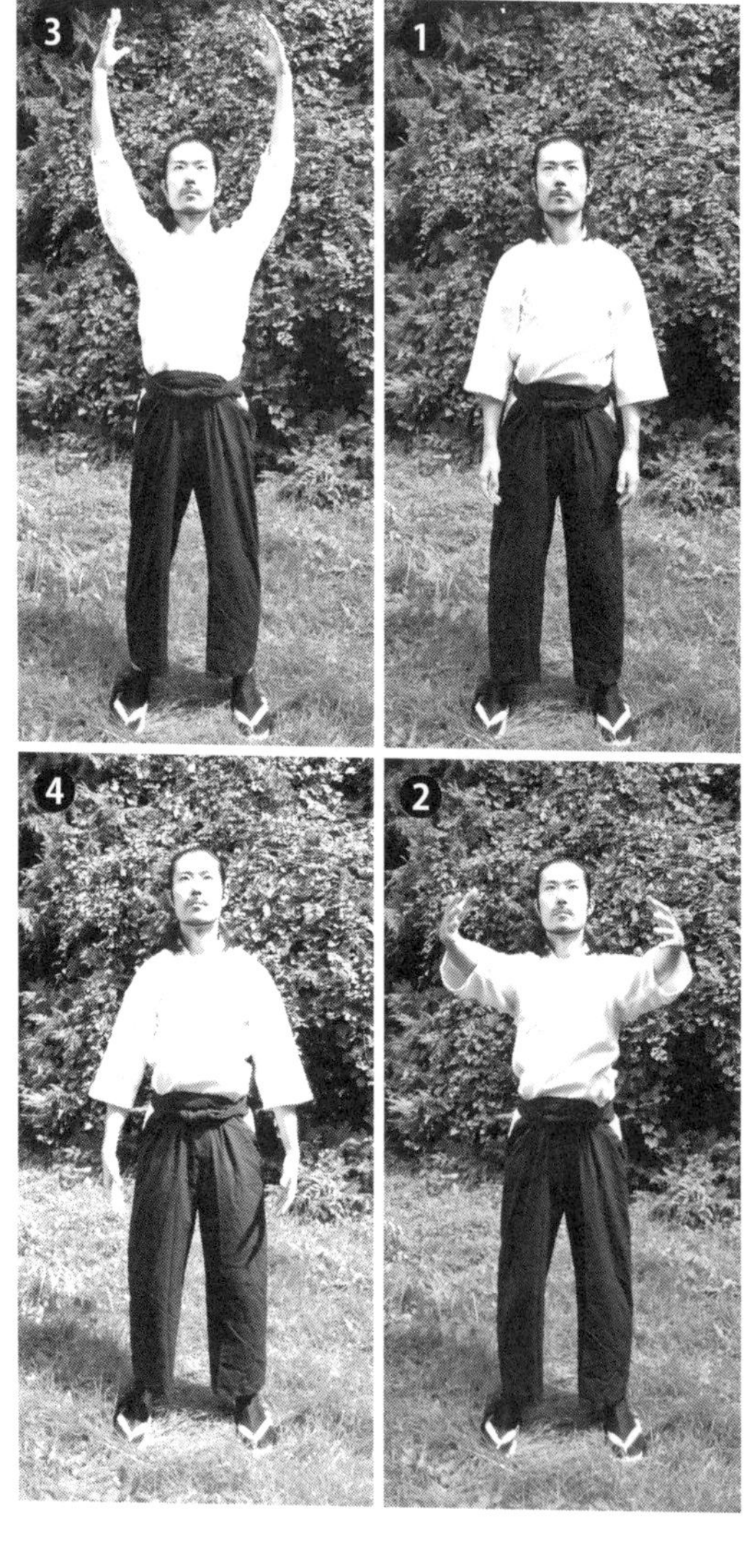

智恵を使って、社会への貢献を実践して欲しいと思いますが、最後は人智を超えたおおいなるものにお任せする心境が大切です。

それぞれの心境を取り出しやすくするポーズをご紹介します（次ページ写真参照）。日々のストレスに押しつぶされそうになった時、息が詰まりそうになった時、自然の情景をイメージしながら、実際に身体を動かし呼吸してみて下さい。徐々にそれぞれの心境が深まり、実際の場面に応用できるようになってくると思います。

もう一つ、怒りを愛に昇華する方法をご紹介しましょう。瞑想クラスの生徒が、「右の股関節が痛い」と言っていました。彼は、日頃、非常に優しく紳士的な青年です。しかし、深いところに、抑圧した激しい衝動、怒りを抱えていることを自覚していました。私は、彼の右股関節の痛みは、抑圧した怒りによるものではないかと推察しました。

そこで、次のような方法で怒りをまっとうに発散させることを勧めました。怒りは大きなエネルギーを持っています。そのエネルギーを自分や他人を攻撃するためではなく、より善い方向に使うことができたら、素晴らしいことです。修験道の本尊である蔵王権現は、憤怒の神です。魔を打ち砕く強さで、人々の幸せを守ってくれているのです。

◆◇それぞれの心境を取り出しやすくするポーズ

大き目に一歩踏み出し、「抱きかかえる」意識で手を胸の前に置く（写真1〜2）。そこから、胸の奥を広げる意識で、息を吸いながら両腕を大きく広げる（写真3）。腕を閉じながら、足を元の位置に戻し、最初の姿勢になる。続いて逆の足を出して同じように行う。この動作を数回繰り返す。

慈悲の心を立ち上げる

1

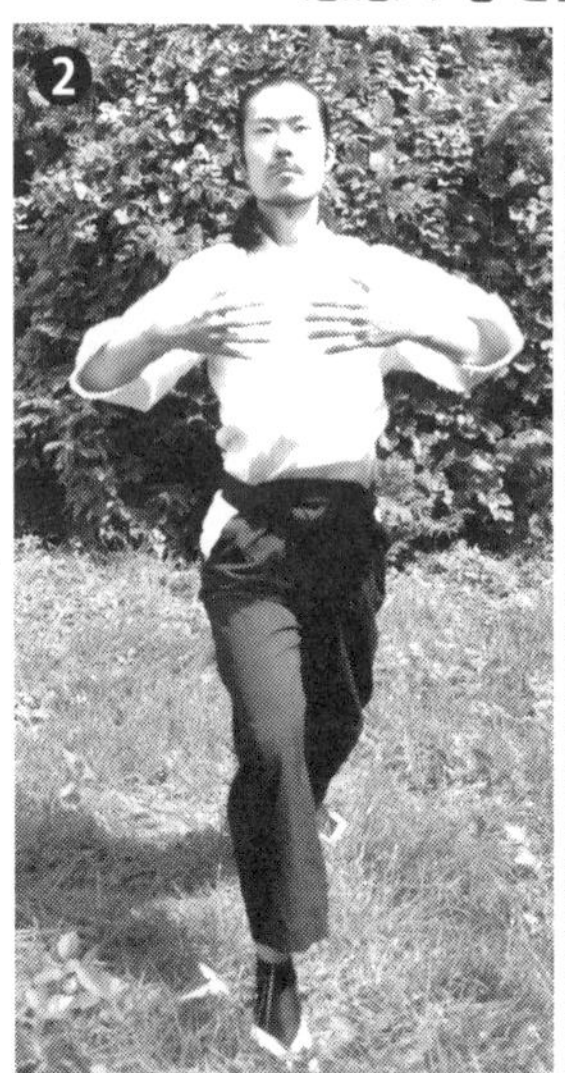
2

3

心を開く

両腕を背中側に開いていく（写真1〜3）。この時、胸から腹にかけての「チャック」を開いていくような意識で行うとよい。また、腕を開く時に、「やあ」と声がけのように柔らかく声を出しながら行ってもよい。そうすることで、より心をオープンにしやすくなる。

感謝の心を立ち上げる

両腕を組んで、膝を少し折り、祈るような姿勢から（写真1）、一歩前に踏み出し、両腕を真上に上げる（写真2〜3）。もとの姿勢に戻り、逆の足を出して同じように行う。この動作を数回繰り返す。このワークでは、写真1の時は具体的な感謝する事柄などを思い浮かべながら、写真3の時は天に向かって感謝するような意識で行うとよい。

◆◇抑圧された怒りの昇華

蔵王権現の片手と片足を上げたポーズをとることで、抑圧された怒りの感情が昇華しやすくなる。右手には、三鈷杵（さんこしょ／左写真の蔵王権現の像が握っている仏具・武器）を持っているイメージで、左手は中指と人差し指を伸ばす形にして、右足を勢いよく上げる。雷がドッーンと鳴り響くイメージを持ちながら、実際にその音を声に出して行うとより効果がある。

蔵王権現立像（東京国立博物館所蔵「ColBase」収録）

●抑圧された怒りの昇華（上掲写真参照）

3 不易流行

時代の変化を超越して不変のものと、その時々によって変化していくもの、両者は対立するものではありません。真に「流行」を得ればおのずから「不易」を生じ、真に「不易」に徹すれば、そのまま「流行」に通じるのです。

私は、師匠、故佐藤美知子先生（瞑想・滝行指導者）から、「技法、儀礼の謎を解け」との教えを受けました。初めての技法、儀礼に出会う度、「いったいこれに何の意味があるのだろう？」と探りながら、それらに取り組んできました。言われた通りに表面的な形を

オリジナルの印

山梨県富士河口湖の河口浅間神社・母の白滝にて滝行指導を行った際に、弟子に伝授したオリジナルの印。

なぞるのではなく、本質をとらえて具現化していくことが大切です。本質さえ押さえていれば、細部の形式にとらわれることはありません。修験道は、きっちり組織化された密教とは違い自由です。野生味にあふれた大胆さと、おおらかさがあります。自然を基盤にした懐の深さが、修験道の真骨頂です。

私は、最近、伝統的な印の継承と同時に、各自に合わせた独自の印の伝授を行っています。滝行や瞑想修行の後、気づきを語る本人のジェスチャーをヒントに、それぞれにオリジナルの印を伝授するのです。修行で得た智恵、せっかく得たヒントは微かで、忘れやすいものです。その時は閃きを得ても、それを日常で生かすことは、なかなか難しいものです。そこで、オリジナルの印と共に、修行直後の心境を刻印するのです。

先日も、山伏の弟子と滝行に行った際、彼にオリジナルの印を伝授しました（上掲写真参照）。

彼には、「慈悲と智恵が創出される意識の深層に到達するためのキーポイントが、『影をみる』ことだ」と常々教えています。この時も、ひれ伏すように滝に打たれながら、「影」を慈しむことの大切さを学んだとのことでした。日々の生活の中で、その心境を引き出すための一つのきっかけとして、オリジナルの印を使って欲しいと思います。

4 修験道の護身術

最後に、修験道の護身術をご紹介しましょう。修験道の究極の護身術は、「大慈大悲の甲冑」を被ることです。身口意(しんくい)を浄化し精進することで、煩悩に取り込まれたり、悪事災難に巻き込まれないように、如来のご加護を観想するのです。

◆◇被甲護身の印 (次ページ写真参照)

あらゆる魔から身を護る印です。

修行仲間の鍼灸師が、聖地を訪れた時のことです。山中を歩いていると、突然、上から押し付けられるような力を感じ、さらに、それが自分の中に入ってくるような逃れようのない感覚に襲われ、

◆◇被甲護身の印

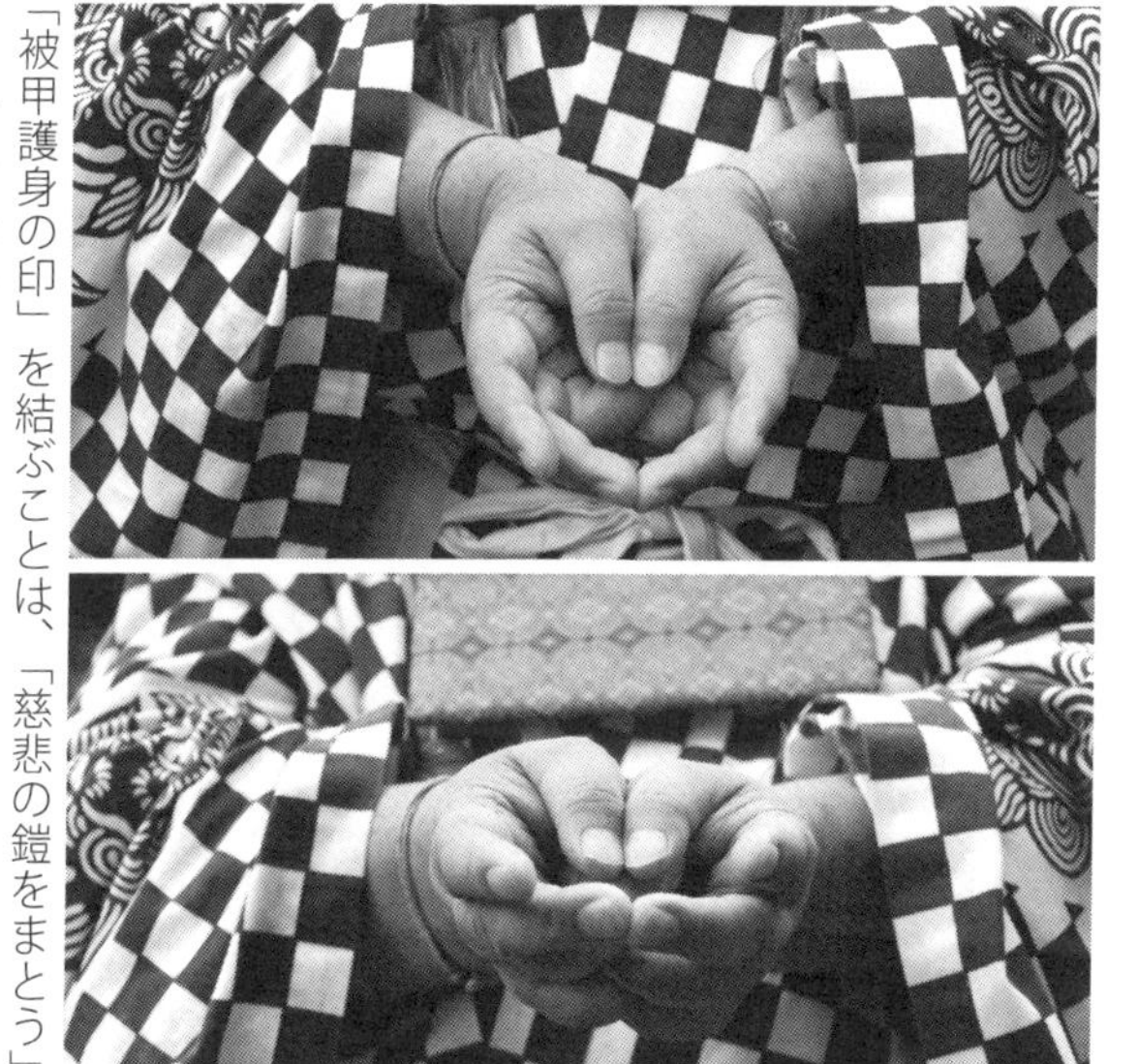

「被甲護身の印」を結ぶことは、「慈悲の鎧をまとう」とも言われ、頭上のエネルギーが下へも広がり、ちょうど兜をかぶったような気の流れができる。

ビックリしたそうです。そこで、被甲護身の印を組み、必死に真言を唱えたところ、頭頂から肩にかけて甲冑を被ったかのような感覚を得て、安心することができたとのことでした。

4 結びに

山伏修行「秋の峰」の最後の年、秘所での大懺悔の後、長年の懸案に対し、「教えのカリキュラム化も、光を背負えばいいのだ」との答えを得ることができました。当時の私は、師匠から、前章でご紹介した「瞑想の深化のための7つの階梯」（173ページ掲載）をカリキュラム化せよとの遺言を受け、試行錯誤していました。一方で、「大事な教えをカリキュラム化などできるのだろうか」との思いも強く、葛藤を抱えていました。その葛藤が、一気に解決したのです。以来、迷うことなく、教えのカリキュラム化に取り組むことができるようになりました。

修験道は、「懺悔」から生まれる「慈悲」と「智恵」がありさえすれば、その実践の方法は何でもありです。これからも、どんどん新しい身心技法を開発していきたいと考えています。いずれまた、それらをご紹介する機会を得られれば幸いです。

未だ道半ばではありますが、間違いのない誓願を立て、今後も精進していきたいと考えています。どうもありがとうございました。

おわりに

改めて本書を振り返ってみると、「懺悔」に関する記述が非常に多くあります。それは、私が、「懺悔」と「捨身」が修験道の原点だと考えるからです。

修験道は、体系化された密教が伝来する以前から存在していました。古来より、修験者たちは、山中で贖罪をし、身を捨てることで、「験力（げんりき）」を得ていました。験力とは、修行によって得る「功徳のしるし」、超能力的行力（ぎょうりき）のことです。本文中で記したヨーガのチャクラは、微細身と原因身に存在する霊的エネルギーの中枢であり、チャクラを開くことによって超能力が出ます。修験者は、その験力をもって、里の民を救うために努めるのです。贖罪と捨身による衆生救済は、世界中の呪術的な宗教の原初的な行いです。人々の救済のために崖から飛び下りた話や、土中入定した即身仏の逸話が、歴史上多く残っています。私の経験上も、命を捨てる覚悟をした時に、まさにその場から台風が発生して干ばつが解消するような、奇跡的な出来事が起こりました。といっても、命を投げ出せと言っている訳ではありません。肉体の命を捨てることより、エゴを捨てること、利己性、自己中心性を捨てることの方が難しく、より本質的で大切なことだと考えます。

懺悔に基づく、より本質的な捨身という一連の行為が、「智恵」や「慈悲」に深まりを与える原動力となります。

剣道の専門家を目指して稽古に励んでいた学生時代、勝つための技の工夫を「邪道」と言われました。では、「正しい剣道とは何か？」と悶々とする日々を過ごしました。そんな中、武道学会での故湯浅泰雄先生（当時筑波大学哲学科教授）の「気・修行・身体」の講演に感銘を受け、東洋的修行の道に身を投じる決心をしました。「人格中心の向上と完成に結びつかない単なる技能的訓練を目的とした態度は、東洋の修行論では邪道とみなされる」（湯浅泰雄「身体論」）のです。

そして、湯浅先生が関係する故本山博先生（宗教心理学者）の研究所で、ヨーガの修行と指導・研究をするようになり、そこで出会った終生の師匠、故佐藤美知子師（瞑想・滝行指導者）のお導きで、修験道の修行を始めました。以来、40年、本当に多くの力に支えられて、ここまで来ました。感謝の念でいっぱいです。

最後に、改めて、東洋的修行の道に導いて下さった、故湯浅泰雄先生、霊的世界の全貌とその科学的探究の仕方をご教示下さった、故本山博先生、修験道の師匠、故大川治左衛門康隆師、半僧半俗として生きる際の指針を与えて下さっている山伏の大先輩、中島翠巖師、その他多くの先輩山伏、山伏仲間、そして、終生の師匠、故佐藤美知子師に、心よりお礼申し上げます。

２０２１年７月

長谷川　智

長谷川 智（はせがわ　さとし）

新潟県長岡市生まれ。山伏であり、ヨガ・瞑想行法・滝行指導者。湧気行代表。一橋大学講師。約40年にわたり、ヨガ、古武道、さまざまなボディワークによる健康、運動機能向上を研究。羽黒派古修験道先達（二十度位）で、現役の山伏として山岳修行を様々な人々に指南している。パワーハウス所属・シニア「骨ナビ」ディレクター。また、朝日カルチャーセンターの講座も随時担当。

著書：『腰、肩、ひざ骨ナビ体操でもう痛くない』（メディアファクトリー）、『関節が10歳若返る「骨ナビ」健康法』（ワニブックスPLUS新書）

DVD：『修験道入門』（BABジャパン）がある。

装幀：梅村昇史

本文デザイン：中島啓子

超人化メソッド 修験道 山伏伝承 身心向上術

2021年9月10日　初版第1刷発行

著　　者　長谷川智
発 行 者　東口敏郎
発 行 所　株式会社ＢＡＢジャパン
〒151-0073 東京都渋谷区笹塚1-30-11 ４・５F
TEL　03-3469-0135　　FAX　03-3469-0162
URL　http://www.bab.co.jp/
E-mail　shop@bab.co.jp
郵便振替 00140-7-116767
印刷・製本　中央精版印刷株式会社

ISBN978-4-8142-0417-5　C2075